"汉字叔叔"大事记

"汉字叔叔"，理查德·西尔斯（Richard Sears），男，出生于 1950 年，中文名字叫斯睿德，全球首家汉字字源网站（https://hanziyuan.net/）创办者。理查德·西尔斯曾在北京师范大学、清华大学任职，学术方向为物理与计算机语言学。

1972 年，理查德·西尔斯从美国只身来到中国台湾学习汉语，因为汉语是世界上最多人使用、最神秘的语言之一。两年后，理查德·西尔斯返回美国继续学业，先后取得物理学学士、计算机硕士学位，并在硅谷的公司任职。1994 年，理查德·西尔斯得了严重的心脏病，做了手术之后被医生判定生命只剩下一年的时间，于是他开始重新为生活排序，他最大的愿望是在生命最后的这一年里，一定要将《说文解字》数字化。一年后，理查德·西尔斯发现自己还活着，于是继续将金文、甲骨文等字形进行数字化处理，并编码入库建立网站。网站建设资金来源于理查德·西尔斯在硅谷当程序员期间的收入，他将这项数字化古汉字的工作坚持了 8 年，他的字源网站终于在 2002 年建成。2011 年，有一个中国网友发现了他的网站，把他的故事分享到社交媒体上，并称他为"汉字叔叔"，由此"汉字叔叔"得到了广泛关注。

- **2022 年**

  受北京语言大学邀请，为国际学生线上授课《中国古汉字里的故事》。

- **2021 年**

  参与录制中央电视台《面对面》栏目。

- **2020 年**

  获南京市人民政府颁发"金陵友谊奖"。

- **2019 年**

  11 月，参与纪念甲骨文发现 120 周年活动及 2019 中国（安阳）国际汉字大会。

- **2018 年**

  11 月，获得第八届"华人榜"星球奖。

- **2017 年**

  9 月，出席 2017 中国（安阳）国际汉字大会；同月，参与录制《开学第一课》。2 月，参加中央电视台《朗读者》栏目录制。

- **2015 年**

  在 2015 "中华之光——传播中华文化年度人物评选"活动中荣获传播中华文化年度人物特别贡献奖。

- **2014 年**

  被评为第五届北京师范大学"感动师大"新闻人物。

- **2013 年**

  7 月，作为特邀嘉宾出席第 12 届"汉语桥"世界大学生中文比赛开幕式。

- **2012 年**

  受邀参与天津电视台《泊客中国》栏目拍摄个人纪录片，并获得"泊客中国——中国因你而美丽"奖。10 月，获得"2012 知识中国年度人物"奖。同年，"汉字叔叔"成为北京师范大学物理学讲师，获得在中国的工作签证。

▲ 幼儿时期的"汉字叔叔"与爸爸玩耍

▲ 幼儿时期的"汉字叔叔"和妈妈、弟弟在一起

▲ 科学老师西尔弗伍德先生和小学时期的"汉字叔叔"

▲ 少年时期的"汉字叔叔"和家人们在一起

▲ 2011 年，"汉字叔叔"在家中

▲ 2012 年，"汉字叔叔"在北京师范大学任教

每一个汉字都有一个历史

▲ 2017 年，"汉字叔叔"参与录制《开学第一课》

▲ 2019 年，"汉字叔叔"参加纪念甲骨文发现 120 周年国际学术研讨会

▲ 2020 年，"汉字叔叔"获南京市人民政府颁发"金陵友谊奖"

▲ 2021 年，"汉字叔叔"参与录制央视《面对面》栏目

▲ 2021 年夏，应教育部中外语言交流合作中心邀请，"汉字叔叔"做讲座并留影。照片左起第
一位为语合中心马箭飞主任，第二位为胡敏教授，第三位为"汉字叔叔"

▲ 2022 年，"汉字叔叔"受北京语言大学邀请，为国际学生线上授课《中国古汉字里的故事》

（照片由"汉字叔叔"提供）

"字"独树一

"汉字叔叔"的中国故事

李纯 著

世界知识出版社

图书在版编目（CIP）数据

独树一"字"："汉字叔叔"的中国故事 ／ 李纯著
. -- 北京 ：世界知识出版社，2023.12
ISBN 978-7-5012-6681-4

Ⅰ．①独… Ⅱ．①李… Ⅲ．①汉字－通俗读物 Ⅳ．
①H12-49

中国国家版本馆 CIP 数据核字（2023）第167637号

责任编辑	谢　晴
特约编辑	龚玲琳
特邀编辑	范晶晶
责任出版	赵　玥
责任校对	张　琨

书　　名	独树一"字"："汉字叔叔"的中国故事 DuShuYi "Zi"："HanZi ShuShu" De ZhongGuo GuShi
作　　者	李　纯
出版发行	世界知识出版社
地址邮编	北京市东城区干面胡同 51 号（100010）
网　　址	www.ishizhi.cn
电　　话	010-65233645（市场部）
经　　销	新华书店
印　　刷	清淞永业（天津）印刷有限公司
开本印张	787毫米×1092毫米　1/16　13½印张　8彩插
字　　数	190 千字
版次印次	2023 年 12 月第 1 版　2023年12月第 1 次印刷
标准书号	ISBN 978-7-5012-6681-4
定　　价	58.00 元

目　录

序

所爱隔山海，山海亦可平

　　"汉字叔叔"，原名理查德·西尔斯（Richard Sears），中文名"斯睿德"，曾因中国中央电视台（以下简称央视）的《朗读者》和《开学第一课》等节目对其采访和录制而名声大噪。若以他的名字或别称等为关键词进行搜索，可以搜到成千上万的文字或视频报道。既然如此，本书的作者——毕业于北京大学中文系的才女、新航道国际教育集团公关媒体总监李纯老师，为何还要远赴南京登门拜访，并冥思苦索、旁搜博采，来详尽地描写"汉字叔叔"其人呢？

坚持之勇毅：咬定青山不放松

　　近代思想家梁启超说："读名人传记，最能激发人志气，且于应事接物之智慧增长不少，古人所以贵读史者以此。"

　　当前，世界正处于百年未有之大变局。新时代的教育以人民为中心，人人都能尽展其才。新时代的青少年应当德智体美劳全面发展并且具有国际视野。而无论学习哪一门类的知识或是从事任何职业，万变不离其宗的是：唯有像"汉字叔叔"一样，找到毕生所爱，并"咬定青山不放松"，为之不懈努力，方能有所成就。因为唯有热爱，可抵漫长岁月，可挡狂风骤雨，可达理想彼岸。即便所爱隔山跨海，但只要爱得足够纯粹、真挚，那么，山海亦可平。唯有不惧权威，孤身走西东，敢于以一己之力去质疑、去创新，才有可能开拓出独属

I

于自己的一片蓝海。

珍视传统文化，做弘扬中华文化的使者

"方正的形状当中，自有一番风骨，自有一番哲理"，汉字之美，每一个中国人当引以为傲。不同字体，有的飘逸，有的古拙，有的端正，有的奔放，你认识多少种字体，你能认出多少个汉字呢？

"汉字叔叔"说："不知道自己还能活多久，如果只能活 24 小时，我要跟我所有的朋友说再见；如果我只能活 1 年，我要将《说文解字》数字化，这是我生命中最迫不及待的一件事。"

有些中国青少年，尚且辨认不出甲骨文、金文，甚至因为觉得汉字笔画繁多弃若敝屣，而"汉字叔叔"一个土生土长的美国人，对着这些方块字，却如数家珍，并视之为人生头等大事，这怎能不令人汗颜？

青少年有担当，国家才有希望。希望新时代的中国青少年也像"汉字叔叔"这样，拾起传统文化中的奇珍，"讲好中国故事，传播好中国声音"，做中华文化的使者，在用脚步丈量祖国乃至地球的广袤之时，也把优秀的传统文化弘扬海内外。

文字之灵动：哀梨并剪，笔底烟花

如果说此前通过网络上的各种报道，对"汉字叔叔"的了解只是管窥蠡测，那么读罢此书，则宛若穿越了时空，去往了 1950 年的位于美国西北部的小城梅德福（Medford），然后一路陪伴在小理查德的身边。

时光迅疾，如水奔涌不息，变化的是容颜，不变的是这个白了胡子和头发、外表神似肯德基老爷爷的"汉字叔叔"，赤诚如故，依旧少年。在本书中，作者李纯运用细腻的笔触、诗意的描写、真挚的情感，将一个客观、真实、立体的"汉字叔叔"展现得淋漓尽致。

人物传记虽然是一种寻常可见的文学形式，但出彩的人物传记，却并不

常见。而李纯所著的《独树一"字"："汉字叔叔"的中国故事》一书，却将人物的客观真实性和文字的灵动性完美融合，用"哀梨并剪""笔底烟花"来评价，也丝毫不为过。

辞藻并不过分华丽，却似柔风甘雨，悄无声息间，浸润着读者，读来唇齿留香，沁人心脾。情真意切地娓娓道来，一个活灵活现、惟妙惟肖的"汉字叔叔"的形象，已经跃然纸上。

体例创新，独树一帜

细读全篇，你会发现，本书分为两个部分。正文由国学功底不凡的李纯老师执笔，而附录，则由"汉字叔叔"亲自端上他学术成果的"琼浆"。这使得本书区别于一般的人物传记，让我们真正做到了"听"其人，"观"其事，前面优美灵动的人物描写与其后严谨考究的学术成果，相互映衬。本书也体现了真正的"中西合璧"，我们不仅可以看到古风醇厚的中国语言与原汁原味的西式表达相映成趣，更可以饱览中西两种思维的交融、碰撞与释放。这对中国文化的国际传播，以及在文明互鉴中实现自我更好地成长，无疑大有裨益。

"能够永久流传于世的，除了伟大的人性，就是思想的光辉。"希望本书字里行间散发出的思想光辉，能给你启迪，给你力量，助你做肩负起时代使命的中国青年，勤勉自强，持书仗剑耀中华。

刘利民

中国教育国际交流协会会长

教育部原副部长

文学博士、博士生导师

2021 年 7 月

引 言

这里是中国南京。

时值 2020 年 12 月，即中国农历的冬月（又称葭月）。栖霞区仙林湖畔有一层薄薄的水汽氤氲，霜叶摇落，蒹葭苍苍。因为地处郊区，并无市区的人声鼎沸、热闹非凡，相反透着一股清寂与舒朗。马路开阔而人迹寥寥，似乎随时都可以撒开腿儿迎着风快意奔跑。

眼前，就有三个热气腾腾的身影，扑面而来。

确切地说，是一人两狗。狗，是一公一母，一白一黄，它们长得普通、接地气，并不像那些被主人精心打理、娇养精致的贵妇犬，而是生气勃勃的、散漫天真，毛发自然蓬松，遇到陌生人时会胆小不安地大声吠叫，与你混熟了又会亲切地蜷伏在脚下觅一丝温暖，这暗示着，它们有一个宽容的、能够"放手"的主人。

主人是这条大道以及他所居住小区的一道独特的风景。小区里几乎每个人都对这个白胡子老人，确切地说是外国老大爷，印象鲜明。他的名字是一张通行证，当我报出他的名字时，保安第一时间就"哦哦哦"放了行。也许因为他实在是个标志性人物，戴上红白相间的帽子俨然是个不折不扣的圣诞老人；也许因为他的出行规律实在太好辨识，虽然没有孩子，但每天黎明、傍晚，会带上自己"抱养"的两个孩子——流浪犬晃晃和抱抱出门，一边遛弯儿，一边拆除居心不良者捕猎小动物的装置。

一个可爱的、慈祥的、没架子也没脾气的外国老头儿。

这份随和自在，常让人淡忘他的另一个身份——"汉字叔叔"，一个互联网上赫赫有名的称谓，信手一搜就出来 100 多条介绍。

不同于一般的名人，"汉字叔叔"是南京市"金陵友谊奖"的获得者。"风吹柳花满店香，吴姬压酒唤客尝"，在六朝古都、历史悠久的石头城，这个奖项的颁发，慎之又慎。只颁发给对南京市教育、科技、文化、经济等各方面建设做出卓越贡献的外国专家，2020 年度的获奖者共 15 位，而他——理查德·西尔斯是其中之一。

不远万里，也丝毫不介意清贫，多年来，潜心研究汉字字体及其演变，从甲骨文、金文、小篆、楷书直至如今，独立开发有汉字字源网站，供全世界的网友学习。登上过央视《开学第一课》《朗读者》《面对面》等节目，主持人用这样一个更为人熟知的词称呼他："汉字叔叔"。

不是主持人发明创造，也不是他自封的，而是那些网友登录过他的字源网站后不由自主的惊呼，有人在弹幕里感叹："这个美国老爷爷对汉字的了解的深度，令人惊讶……"

荣誉、桂冠、褒奖……纷至沓来，但"汉字叔叔"似乎没什么变化。名人包袱于他，是半点也无。他还是习惯做那个熟悉的自己，比如，待在偏僻而悠远的郊区，埋头琢磨天文与汉字的关系；认为在大饭店里正儿八经吃顿饭好生浪费时间，更乐于找家小店吃心爱的中国饺子；再比如，看见小区里绿草茵茵，怡然生长，便忍不住仰面朝天，张开四肢躺卧在草地之上，不管小区里的大妈远远望着，笑着指指点点。

这份率性恬淡，毫无拘束，好像很"美国"。可"汉字叔叔"多半会反对这样的"定性"，他常常坚持的一个观点是：我是我，与生理上的国籍，又有什么关系？与生俱来的，就能限定一个人？世界是一本深沉醇厚的书，如果你自我设限了，那意味着你只能品读或从属于其中单薄贫瘠的一页。

可生而为人，他，想读到的是这蓝色星球上的所有。他想知晓的，是别处的明亮，别处的光彩熠熠，别处的星云是何处逍遥，别人家的灶台怎样炊烟升起，以及别人的语言，如何绵延千年，仪态万方，蔚然而成今天的情态。

从少年到古稀之年，从被爸爸各种要求着长大的孩子到"七十而从心所欲不逾矩"，从美国硅谷到中国台湾、北京、黄山与南京，从无人问津、进退维谷、世人悉以冷脸待之，到今天可以有更大的自主权心无旁骛研究喜欢的事业……

理查德·西尔斯本质上是个少年，七十岁的少年。

少年与中年、暮年的区别，在于后两者，也许终其一生都没有勇气或者兴趣，去面对世俗之外的道路，做一丁一点的探寻；对自己躯壳之内的灵魂，没有一丝一毫真正的珍视与怜惜。他不要在垂垂老矣之时说我活了几万天，其中百分之八九十的时间只是重复之前的运行。

"独与天地精神往来，而不傲倪于万物；不谴是非，以与世俗处。"2300多年前那个叫庄子、从鱼儿悠闲的游动中体味到鱼儿快乐的智者，也是这样想的吧。

冬日的南京，不缺乏雪之甘霖。甚至一下雪，便有了"南京就成了金陵"的美誉，惊鸿照影间，仿佛梦回了那个秀雅宁静、曾经虎踞龙盘、也曾经文气纵横、但愿长醉不复醒的都城。

现在是2020年。大约凌晨4点钟我起来了，看到南京这座城市正在飘着雪。这是今年的第一场雪。

大概8点钟的时候我出去在这小区周围散步，然后我发现了一些中国小朋友，她们正在雪里玩耍。

于是我躺在雪里看着天空。

下雪时，"汉字叔叔"就躺在厚实的雪地里，看晶莹飞花飘飘洒洒，将萧萧落木染成了琼枝。他又联想并分析起关于"雪"的来龙去脉……

"雪"更早的字形是"雪"，更接近于篆体。

我们可以看到这个字是来源于雨水的"雨"（yǔ）以及表示扫帚的"彗"。

所以我们可以把"雪"字理解成一种可以用扫帚扫走的"雨"，如果我们分析这个篆体字"彗"，我们可以看到一只手"彐"（yòu）以及"甡"（shēng）这个构件。"彗"字其实与"丰"无关，但"甡"这个构形存在于"雪"字中严格来说是个错误。"甡"的字形看上去像扫把的样子，但它这个字本身的含义却完全不同，它自身的意思是"众多"。"瞻彼中林，甡甡其鹿"是《诗经·大雅·桑柔》中的诗句，意思是"看那郁郁葱葱的森林，成群的鹿一起多美好"。

用"彗"（扫帚的样子）和"雨"，人们造了一个新的汉字"雪"，碰巧它也是说得通的。

但是更早的"雪"字字形看起来则画风不同。如果你看到更早的字形，它的来源似乎与上文所述不同。记得这个字"羽"吗？如图 0-1，它表示翅膀或是羽毛。

图 0-1 "羽"甲骨文

在更古老的字形中，我们可以看到"雨"和"羽"，因为雪像羽毛一样飘落下来。但是这里也有一些散落的点，所以这样我们就不会把它看成是真正的羽毛，而是表示飘落的雪花。

不一样的人在不同的时间，不同的地方，可能对事物有不同的理解，以至于也影响着他们书写汉字的方式。我们可以看到现代汉字与古代汉字的关系是如此紧密，可以说它们是从古代汉字演化而来的。

　　随着纷飞的雪花，让我们做一个时间旅行者，把时间轴前移至 1950 年的一天。

　　也做一个空间旅行者，将坐标调至美国俄勒冈州的小城市梅德福市，一个男婴出生于一个普通中产家庭。父亲和母亲都未预料过他以后会看多大的世界，走多远的路。他们给他取名为理查德·西尔斯，一个再寻常不过的美国男孩的名字。这里西部沿岸多雨，东部高原少雨，森林占全州面积一半。这广袤的土地、繁盛的森林、充沛的雨水、纵横的阡陌，大概足够承载和浇灌孩子的梦想。说英语、少冒险、当白领、娶妻生子、风平浪静、安逸终老……天下父母的心愿，大同小异。

　　可种子一旦生长起来，又岂是播种者所能拦截？

　　像那猴子跳出了裹住他的坚硬的石壳儿，像雅典娜从宙斯的头颅中跃出一样，后来，我们都知道了，这孩子不仅穿越了 14000 公里，跨过了亚欧大陆、太平洋和大西洋；他还穿越了从计算机智能时代到刀耕火种甲骨文时代长达 3600 多年的晦涩幽深的文字"虫洞"……以单人匹马之力，"承包"了一个庞大的历史性工程。

　　凡造梦者，传说皆奔赴他而来。

　　　　出版声明：书中汉字起源的有关内容为"汉字叔叔"的个人研究，本书记述作为信息传递与文化交流之用，不代表汉字起源的定论。

一路上我会遇到孩子，

我停下来和他们玩耍，

听他们讲故事，

有时候会安抚他们，

试着告诉他们我们所居住的这个有意思的世界是什么样子的。

——题记

第一章

他想了解银河系是怎么运转的

子承父业 VS 不顺从的少年

在美国俄勒冈加农海滩向天际张望时，有一刹那，让人产生一种错觉：仿佛已到世界的尽头。

海岸线漫长绵延，波涛层层叠叠卷起，击打着沙滩，带着西部汉子般的粗犷。海天交汇处的草垛岩，以一种奇特的身姿，昭示着远古的蛮荒时代的图景。相传19世纪初，赴美国西部探险的远征队领队之一到达了这太平洋的彼岸。面对那苍茫辽阔的大洋，他所兴起的感叹，与东方的河伯（中国传统神话中的黄河水神）"天下之水，莫大于海，万川归之，不知何时止而不盈"的感慨十分相似：

"凡我目所能及的地方，最伟大的令人愉悦的视野，就在无边的大洋上……"

作为美国第33个州，俄勒冈得到的馈赠是得天独厚的。西边是浩瀚雄浑的海洋，东边则是起伏的山岭、晶莹如珠玉的湖泊。这里的创新者精神、先驱者意识，在全美也名列前茅。

1950 年，理查德·西尔斯便出生于俄勒冈州西南部的梅德福。他似乎也传承了这片土地的气质——富于探险精神、敢于创新、永不停歇。

梅德福是个非常小的城市，1950 年总人口不超过两万人。在理查德的童年时代，梅德福的主要经济来源是木材产业和以梨、桃、葡萄等作物为主的种植产业。

居住在小城梅德福的理查德父亲，对孩子成为什么大人物、要不要走出这片天地，并没有什么野心。在他的计划里，理查德留在梅德福做一些普通的工作就很好了。

可是，理查德有他的主意。

他想走出这片天地。

"这里全部都是白种人，没有外国人，全部都讲英语。"这是他对故乡的印象，对他而言，这儿有些单调（注：根据 2000 年美国人口普查，梅德福共有 63154 人，其中白人占 89.99%、亚裔美国人占 1.14%、土著美国人占 1.07%。理查德出生于 1950 年，在他的青少年时期，少数族裔所占比例更少）。

父亲对他的教育是严格乃至严苛的，制定了很多家规与戒条。如下行为是被明令禁止的——跳舞、看电影、开车。父亲希望孩子如小城里其他的孩子一般循规蹈矩，不越雷池。大家过的不都是这样的生活吗？子承父业，世世代代，安安稳稳，如父亲是从事餐饮这一行的，那么小孩子长大后最好也从事餐饮；如父亲是砍木材这行当的，小孩子长大后最好也从事与伐木相关的工作。

不过，尽管父亲如此严苛，理查德却幸运地拥有一个在教育思想上灵活自由得多的祖父。祖父常常笑眯眯地来一招"化骨绵掌"，消解前面的"规定"："没关系，都没有关系，你可以是鸟，是骏马，也可以是风，是闪闪发光的电，是飞虹。"

孩子啊，你大可以拥抱你想要的多彩世界！追寻你喜欢的颜色和光亮！

理查德的童年，在祖父的包容下，因此也多了几分自在的色彩，他听过万顷红木被风吹过的林涛阵阵，也欣赏过不远千里而来的大桦斑蝶，在晨曦初起时，他饱览了西海岸的朦胧紫，随父亲登山时，也领略过深秋的层林尽染……

对儿子体育特长的培养，父亲倒是兴致勃勃。父亲身兼二职，一方面卖保险，另一方面，又从事了一辈子的体育教学，在父亲41岁之前，"体育老师"都是其最为重要的职业角色之一。

父亲对运动的热爱持续终身，这一点对理查德的影响也是潜移默化的。理查德自幼喜欢游泳，也擅长游泳。父亲教理查德打拳、翻单杠，教他摔跤、跳板，参加游泳比赛。

在划定了诸多的条条框框之后，父母也许可、鼓励孩子拥有一些正面的、健康的爱好，如爬山、设计邮票与铜版等等。

"我的爸爸在体育方面一直教导我，让我受益良多，可我也能感觉得出来，爸爸一直想'控制'着我，主导我的生活。"

一方面是"鼓励"，另一方面是"控制"，两者在少年身上构成了一种奇妙而对峙的张力。

17岁，理查德曾撰文写下爸爸如何赋予他勇气：

> 爸爸总是教导我，要勇于抵抗那些恶棍、流氓、横行霸道的人。
>
> 我四岁时，他让我笔直地走到街道的尽头，途中常路过一条汪汪吠叫的恶犬。如果我绕道而行，父亲是不会让我进家门的。
>
> 我六岁时，五个邻居家的孩子，总是欺凌我，爸爸让我还击回去，否则，也不让我进家门。
>
> 如今回想起来，我觉得（爸爸这种教育方式）也很好，它教会我如何直面那些恶霸们并与之较量。须知我年幼时，只要有可能，总是避免"挑起战争"，总想"逃之夭夭"。
>
> 高中的某一天，在我排队打午饭时，学校里个子最小、品性也很差的男孩——丹尼·菲尔浦斯向我走过来，辱骂了我的妈妈。我吃我的饭，没有理他。后来，他看见我出去了，就紧跟不放，还朝

我吐口水。我就把他举起来,然后将他摔在地上。战斗结束了。我是这么认为的。

......

丹尼的朋友克雷格·史丁格是卡斯珀先生班级的学生,个头比我健硕不少,克雷格觉得很有必要跟我较量一番。他没完没了地欺负我,所以一下课我就把他叫出来。我让他打第一拳,这在当时看来很"爷们",现在回想起来好像不是个最好的选项。

双方拳来脚往。大约十分钟的时间里,成百的老师和学生围观了这场"战斗"。按惯例,学校要给打架的学生休学处分。但学校又的确意识到,应该对这起事件负责的人是丹尼,最后的处理结果是:丹尼休学一周,我和克雷格各休学一天。

当爸爸得知时,他的反应是:"你赢了吗?"

我说:"赢了。"

爸爸说:"好的,我等下就过去接你。"

爸爸知道我从不惹是生非,如果我打架了,一定是有充分的理由的。

第二天,爸爸将克雷格叫了过来,希望我们能化干戈为玉帛。不打不相识,那以后我和克雷格竟成了朋友。

鼓励孩子勇敢地站出来,反抗欺凌与不公正,是父亲赋予理查德莫大的"财富"之一。这种力量影响了他的一生,在他随后的道路上,在歧路时,总是能倾听到内心深处最响亮也最强劲的声音,让他能够直面日后的种种未知。

理查德静默地承受着父亲的施予与"限制",并体会着内心某种力量的成长。这力量是交错的、混合的,包含着顺从,也隐含着对抗、不甘臣服。在父亲带着理查德兄弟俩爬山时,理查德益发鲜明地感受到了这种"对撞"。他们常爬的不是名闻遐迩、成熟风景区的名山大川,而是小城市郊外的鲜为人知、隐含着风险与未知、需要用绳子攀援而上的山。

"一方面，我的爸爸要控制我，另一方面，他也想保护我，想鼓励我迎难而上、挑战未知与危险。"

这是一场矛盾的、心灵与身体上的双重旅行。心智早熟、敏感的少年，如同草原上趴伏的马驹，默默地等待着属于他的啼鸣。有一天，这种"对峙"会变成草原上小马与成年马之间一场公开的"对决"。充沛躁动的青春力量，将把他推向不可思议的太平洋的彼岸，挣脱所有的束缚。

妈妈是个隐藏的超人

如果说爸爸如山崖险峻陡峭，那么，妈妈就如熙熙春日里的和风。

在理查德四岁时，懵懵懂懂的他常有个强烈的冲动——看见花儿，无论是路边的、阳台上的、花坛里的，都想一把抓过来然后掐死它们。对此，也许可以归结为小男孩顽皮的天性，也许源于幼年的他奇特的心理活动——如果能毁灭这些美丽的事物，会显得自己很强大吧。

怎样对待这种行为？

换作父亲，或许会胖揍一顿，毕竟男人间"拳头"还是很管用的。妈妈的教育方式，则是娓娓道来："宝贝，如果你不去毁灭花朵，而是心平气和、安安静静地欣赏它们，明天日出时，还会看见它们的身姿，看见它们争先恐后，为你绽放。"

这之后，理查德就不再随意"蹂躏"花朵了。他学会欣赏一团团、一簇簇的花骨朵儿，学会小心翼翼地对待着这些小伙伴。妈妈细腻生动的描述，赋予了花儿以生命，既然是生命，又怎么可以被任意摧残？

成年的他，回想起这个故事，还得出一个结论："我想有些人，他们的妈妈可能从不告诉他们这一道理。那些孩子中，就可能有杀人狂魔诞生。"

小孩子间免不了逗逗闹闹。一次，理查德不慎用门撞了弟弟乔恩的头，乔恩捂着脑袋，眼泪汪汪。

妈妈依然没有责罚理查德，只是告诉他："如果下次还让弟弟受伤，上帝会从天上下来，把弟弟带到天堂里去。这样，你就再也看不见乔恩了。"

四五岁的理查德，还不知道"上帝"是何许"人"也。他郁闷地走到屋子外面，抬头望向小城上空青灰色的天空，天堂在哪儿？上帝就住在那里吗？

他从未得到过答案。但他再与弟弟嬉戏时，就会格外小心了。他可不想弟弟忽然就消失掉，被他不认识的"上帝"带去一个虚无缥缈的地方。

与热爱体育的爸爸相比，妈妈算不上身手灵活。妈妈一头黑色直发，笑容优雅，出生于中产家庭，接受过良好教育。但她也不可避免受到时代的限制，在她成长的年代，女孩子游泳、骑车、跑步是不被允许的。成家之后，最重要的职责莫过于把家里打理得井井有条，照顾好自己的小孩。

这类斯斯文文的女性，面对"顽劣"儿童，有时是束手无策的。

每次理查德爬上院子中的梨树（此处指美国的啤梨树）时，妈妈便有些头疼，她根本不会爬树，起先，还能把理查德抱下来，待淘气的男孩越爬越高时，就再也无能为力，只能柔声细语地劝他下来。

"我知道我成功了！"男孩"得逞"式地笑。

"妈妈拿我没辙！"他这样"以为"了很久，直到有一天，妈妈的身手叫他目瞪口呆。

梅德福的男孩们，经常有很多稀奇古怪的兴趣爱好。

古怪到匪夷所思。

例如，运用化学课上的知识，制造"炸弹"。

12岁时，当理查德从科学课上得知有两种物质混合会产生爆炸效应时，便急不可耐地与伙伴们开始了实验。

"让我们亲身验证一下！"尽管大人们千方百计地阻止男孩们获得危险的原材料，但理查德还是偷偷摸摸地搞到了一次性的原材料。当他得意地把两种物质混合时，震耳欲聋的响声出现了。

奇异的化学反应，未能让他惊讶，相反，几十秒后如闪电般向他冲过来的"神奇女侠"，让他震惊了。她的速度，简直可以媲美奥运健将，妈妈竟然只跨了四大步就横穿了整个街道！

她面带惊惶与焦虑，直到看到儿子安然无恙，才放松下来，呼出一口气。

理查德的实验，并没有产生"爆炸性"的恶劣后果，只是当时刚巧有一架喷气式飞机自上空掠过，并产生巨大的音爆，才吓坏了小城的人们，尤其是妈妈。

经此一"役"，理查德明白了，妈妈哪里是弱女子？分明是真正的超人，她一直以来采取的都是"隐藏模式"，关键时候才爆发。

小猴子机灵跳脱，一个筋斗十万八千里，可怎么也跳不出妈妈"心"的疆土、"心"的版图！

经此一"役"，妈妈也有了一个新的发现：这次事件，恐怕只是个开端，而不是结束。她隐约地预感到，在此后的岁月中，还要持续地应对这孩子的"脑洞大开""率性而为"。

黎巴嫩大诗人纪伯伦在其著名的散文诗《孩子》里，表达了这样的理念——我们的孩子，某种意义上，又不是我们的孩子，他是携带着特殊使命与密码的精灵，他不会重复成年人的轨迹，也不会按既定规则步步为营。身为父母的人啊，千万要记得，"你可以庇护的是他们的身体，却不是他们的灵魂，因为他们的灵魂属于明天，属于你做梦也无法到达的明天"。

青少年时代的理查德，写下了这样的"宣言"：

我试着去理解万物是怎样被创造的，

无论是由人造出的电脑，

或是未解的银河系，

我想去理解它们是怎样运转的。

7

......

在你还可为的时候，做你可以做的。

并且尽可能地去

了解我们所生活的世界。

他，不是静默的温泉，而是喷泉，终有一天，会水花四溅，自由绽放，蓬勃热烈。

在这一天到来之前，妈妈能做的，就是在他有需要时，奋不顾身飞奔而来，像一个勇猛的女战士，战斗值突破天际。

"西尔弗伍德先生让我成为有科学思维的人！"

"科学"是理查德一生中重要的一个"信仰"。这离不开五年级的科学老师西尔弗伍德（Silverwood）先生对他的熏陶。

理查德从小就喜欢科学，做梦都想成为爱因斯坦那样的科学家。"我是独立的人，我想通过探索成为我自己，不想与别人一样。"

但他慢慢发现，自己可能没那么聪明，"那就做自己好了"。

他心里总是装满各式各样的"为什么"，对现实种种，理查德从来不是默然接受，而是保留自己的困惑。如幼年时，妈妈带他去商店，当电梯门打开时，理查德发现，所有的商品被重新排列了。他不知道这是换了楼层的结果，而是用孩子的视野，得出一个结论，"原来电梯的存在，是为了让商家有时间把物品再排列一次啊"。而过了一段时间，他再随母亲坐电梯，才发现平行时空的存在，这个平行时空叫"楼上"。

"从此以后，我常常为一些幻觉和错误的事实而感到内心挣扎。当我十岁时，我不再相信宇宙中存在会说话的蛇了。我立志成为一名物理学家。""我总是要更新脑海当中旧的观念。我总在想，在我真的了解这个宇宙之前，我还要抛弃多少假象。"

他和西尔弗伍德先生之间的师生关系，是"双向选择"的结果。五年级开学第一天，老师会选择他们的学生，班上一共有三位女老师和一位男老师。西尔弗伍德先生就是那位唯一的男老师。

所有学生都站在教室后面等候选择。

"听说西尔弗伍德先生是个十足的小气鬼。"站在理查德旁边的男孩咕哝道，他叫帕特·沃什汉姆。

话音刚落，西尔弗伍德先生就点中了理查德："你到我的班上来。"

一同被选中的还有帕特·沃什汉姆。两个男孩对视一眼，暗暗哀叹："噢！不！接下来的日子一定很难熬！"

但事情的发展不像他们想象的那么糟糕，西尔弗伍德总能把课程讲得妙趣横生，他为孩子们开启了一个精妙的微观世界。一次老师问他，原子是什么组成的。理查德恰好之前在书上看到过关于原子的知识，于是他举手回答："原子是由质子、中子和'妖精'组成的。"

把核外电子描述成"小妖精"？老师觉得这孩子太好玩了！于是将理查德单独留下来，讨论原子知识，并讲述了 Electron（电子）物质和 leprechaun（妖精）的不同，理查德这才发现："噢！我把这两个词混淆了。"

从那时起，理查德意识到："西尔弗伍德老师可能是我遇见过的最聪明的人。"也是从那时起，他非常乐意每天放学后在学校多待一个小时，与老师讨论各式各样的问题："为什么地球绕着太阳转？正电子和负电子有什么分别？耶稣是什么样子的？"

老师从不觉得烦，尽己所能地给他回答。如果连老师自己都没有确切的答案，那么，就一起探讨，保留一个开放式的状态。"说不定，将来有一天，我们会找到答案了。"

这种亲密无间的师生互动，持续了相当长时间，从五年级延续到十年级。

万能的西尔弗伍德老师几乎能解答他绝大多数的问题，但对有些问题，也会保持"神秘"。当理查德接触了生物学，他请教了老师这样几个问题："有很多的精子飘浮在空中到底是什么样子的？为什么人类的精子永远不能和猪的卵子接触，反过来也是如此？"

"呃，这些嘛……我也不太清楚。理查德，你或许可以回家，问问你爸爸？"

理查德有点儿纳闷，也有点儿失望，他没有回去问爸爸。他寻思着："如果西尔弗伍德老师都不知道，那么，老爸更无法回答这些'高深'的科学问题了。"

12 岁时，理查德从妈妈那儿知晓了这几个问题的答案，才弄懂了西尔弗伍德老师为什么会遮遮掩掩、欲说还休。

理查德 15 岁时的一天，西尔弗伍德老师因心脏病骤然辞世。对少年而言，那天梅德福的上空也变得湿漉漉的，像忧伤者的眼睛。那是千言万语压在心底、无法吞吐的一天，他永远记住了那一天天空的颜色，灰色的、晦暗的、沉郁的。

"我再也没有遇到像西尔弗伍德老师那样的人了。"

"如果不是西尔弗伍德老师，我成不了一个具有科学思维的人。"

难忘与西尔弗伍德老师在一起的无拘无束、畅聊星河的岁月。在这样的海阔天空中，理查德一点一点建构起自己的小宇宙，一个孩子对科学的好奇、热爱与探索欲自由驰骋。"我想了解宇宙间的每一个问题，我不要人云亦云，我要看这个科学的背景是什么样，然后独立思考。学习数学，在书里给出的公式、定理之外，我还想了解数学的历史，因为我们现在所学的数学知识，很多时候并没有人告知我们，它们的来源、它们的逻辑。如果我们想知道它的逻辑，就必须要了解数学的历史。"

这种探究的愿望，这种对事物本源的热爱，这种刨根问底的思维习惯、寻根问底的性情，贯穿了他的一生，影响了他日后长远的未来。44 岁得了心脏病之后，理查德还特地把医学专业的大部分书都买来读了一遍，不患得病，而患"病不自知也"。而他对汉字独树一帜的研究，也发轫于这种性情与性格。

当然，对小孩子来说，世界上让人着迷的事情太多。除了科学，理查德还热衷于体育运动，尤其是翻单杠，他矫健、灵敏，几乎在所有的单杠比赛中都获得过名次，成为小城梅德福这一领域的知名选手。班上那些高高壮壮的男生们，也因此不敢小觑这个"小个子"男生。

逃离梅德福，奔赴波特兰

青春期充沛的能量，如果只用于翻单杠，当然没问题。要命的是，谁也不知道这股力量会在何时、何处爆发。17 岁时理查德和父亲干了一架，起因是一次不大不小的口角。这时理查德已近成年，年轻力壮，一急之下竟把父亲的胳膊扭脱臼了。父亲不得不去医院治疗。

1969 年，理查德 19 岁了，面临大学择校。父子观念间的摩擦还在升级，他想去遥远的城市读书，而父母不同意。此时更不可能靠"武力"阻止健硕的儿子了，母亲开始对着他哭泣："如果你去，我就自杀！"

这招奏效了。

如父母所愿，理查德选择就读于离家很近的南俄勒冈大学（Southern Oregon University）——这所大学距离梅德福只有 15 分钟的车程，他仍在父亲的"管辖"范围内。

戏剧化的是，在大一结束时，理查德悄悄地迈出了"反叛"的第一步。他的"潜逃"工作，可谓计划周详、不动声色，他一点点如蚂蚁搬家一样，将行李逐次搬到朋友家里。大一课程一结束，他便奔赴离家甚远的波特兰大学（University of Portland），完成了在那里的注册。

"我跑掉了，因为我受不了我爸爸的控制，如果留在那边，我可能会一辈子做一些我不喜欢的工作。我不想那样生活一辈子啊，那不是我想要的。"理查德说。

儿子的擅作主张让父亲很是恼怒。

父权与孩子权利之间的对峙，是古已有之的话题。《论语·颜渊》里曾说："齐景公问政于孔子。孔子对曰：'君君、臣臣、父父、子子。'"在漫长的时间内，父亲拥有对孩子的绝对权威，说一不二。

古代希腊神话则安排了雅典娜从宙斯的头颅中诞生，成为智慧与力量的化身。一方面，她与宙斯父女情深，在很多场合力挺宙斯，另一方面，雅典娜保持着自己独立的思考与判断。在特洛伊战争中，雅典娜总是冲在战争第一线，以至于宙斯都对她不满；她也曾联合天后赫拉、海神波塞冬、太阳神阿波罗，一起将宙斯捆绑在金椅上。

由现代话剧剧作家曹禺创作的、一部具有摧枯拉朽力量的"现实主义话剧"《雷雨》，则将反抗与呐喊发挥到了极致，书中的周朴园，是父权和旧制度的象征。曹禺借《雷雨》这部剧，想宣泄的是被压抑的"情感的汹涌的流"："那个时候，我是想反抗的……我不甘模棱地活下去，所以我才拿起笔。《雷雨》是我的第一声呻吟，或许是一声呼喊。"

为了梦想，为了绽放，为了活出自己，为了青春的奔腾与自由，就算不合父母的心意，就算沿途有巉岩峭壁，也要无畏而行！

理查德比《雷雨》中的周萍、周冲、四凤幸运，无须付出那么大的"抗争代价"。几次争吵过后，父母亲无可奈何地接受了他离家远行的事实。再说，波特兰大学毕竟是俄勒冈州体系规模最大、负有盛名的大学，位于一片美丽的湖光山色中，曾被《美国新闻与世界报道》(*U.S. News&World Report*) 评为"美国八所值得追寻的大学"之一（排名第五），拥有在西海岸排名靠前的研究生院以及出类拔萃的电气和计算机工程学院。

这一次"逃离"，只意味着远行的开始。此后，这孩子将行愈来愈远的路，即使一路惊心动魄，即使一路有巨鲸猛兽，少年心中岩浆奔涌，对远方、对自由、对梦想，跃跃欲试。

这心中的"野火"，早在更早的高中，已熊熊燃烧，那时理查德的行为已逐步偏离父亲的"指南针"。他开始提问题，不停地提问题，质疑父辈，也质疑一些理所当然的权威，既然科学成为他所信奉的，那么，与之相对的混沌不明、似是而非，自然不会被盲目接受。

他喜欢提问，不管这问题是否会令人尴尬。他觉着一个好提问价值百万，甚至比标准答案还要重要。好的提问者与已经把答案烂熟于心的经验主义者不同，后者面朝过去、固守经验，而前者，戳破了现实的某个痛点，张望无尽的未来。

理查德的问题包括："为什么这儿的人都说英语？为什么这儿的人几乎都是白人？"

他生活的圈子里，绝大多数人都是白种人，这未免让他觉得单调。人世间只有这样一种语言吗？这种语言能囊括世间所有的缤纷吗？世界上有没有其他有趣的文化、不同思想的人类呢？

第一次见到不同肤色的人类，让他惊奇不已。那时他才 10 岁，在海边邂逅了一个黄皮肤的小女孩。"与文化没有关系，我就是感觉，她是可爱的。"

一刹那，他仿佛进入了异次元，看到光影交错，五彩斑斓。他觉着自己"就像一个刚出生的小鸭子，看到了第一个生物，就会一直跟那个生物走"。他呆呆地、欣喜地跟着那个黄皮肤的小女孩走了一整天，看了她一整天，打听到这女孩的父母亲都是中国人。这一次短暂的邂逅仿佛惊鸿一瞥，此后再没有机会看到她，也提不上什么"两小无猜、青梅竹马"的深入交往。

但他还记得那日的海风，空气中仿佛飘浮着清新的橘子香味，女孩四周仿佛环绕着柔柔的光晕，稚气的笑声在童年的滤镜里荡漾。

这次遇见，印证了理查德长久以来的猜想：原来，真的不是所有的人都说英语，不是所有人都是白皮肤。

世界如此缤纷，如此多元，参差之美，难以想象。

理查德的问题还包括："为什么要参加越战？"

那时，美国对越南战争打响，要求美国的年轻人服兵役。理查德内心有一个声音，这个声音非常微弱，像山间蟋蟀从远而近飘来的鸣叫；渐渐地，叫

13

声清越起来，明晰起来，也坚决起来。最后，这叫声化成夜莺的一声啁啾，扑棱着翅膀飞向她的月空："不，这一切都并不是天经地义的。我们有属于自己的人生。"

理查德计划着他人生的第二次"远离"。

第二章

世界上有两类人，而他属于第二类

"我要学物理"

1965—1973 年间，美国政府要求理查德当兵，但他拒绝了："我不想打仗，我要学物理。"他憧憬的生活如浮世绘般囊括千百般意象，如学物理、学音乐、搭便车去看世界……

但不包括"打仗"。

他的想法很坚定："我只想做个科学家。"

因为这个独立的立场及日后在国际上的社交媒体说中国的好话（实则也就是客观地，钉是钉、铆是铆地向世界陈述中国而已），理查德没少遭遇"吐槽"，一些美国的网民乃至亲友说他"成了中国人"。但理查德·西尔斯自始至终只有一个立场："我是一个人，然后才是哪里人，不要说我是中国人就怎样怎样，美国人又是怎样怎样。人为什么要由出生的地点来定义呢？"相信科学的他，觉得那是件滑稽、荒诞的事情。

20 岁出头的理查德·西尔斯，还保持着少年心性，心中翻腾着万千细浪，想去看看万里山川。"遥襟甫畅，逸兴遄飞。爽籁发而清风生，纤歌凝而白云遏。"

王勃写《滕王阁序》时正值弱冠之年，而理查德·西尔斯，在 20 岁这样美好的年华，也写下他对世界的向往，他不知道世界的尽头在哪里，也不清楚世界是怎样婆娑的模样，他放飞思绪尽情地遐想：

世界上有那么多的地方，（There are many places in the world,）

我想走遍各个角落。（I want to see them all.）

世界上有那么多的人，（There are many people in the world,）

我想认识每一个人。（I want to know them all.）

他们说着不同的语言，（They speak different languages,）

有着不同的信仰和哲学，（have different religions and philosophies,）

吃着不同的食物，（eat different food,）

唱着不一样的曲调，（sing different songs,）

穿着不同风格的衣服。（wear different clothes.）

……

一路上我会遇到孩子，（I meet children,）

我停下来和他们玩耍，（and play games with them,）

听他们讲故事，（hear their stories,）

有时候会安抚他们，（calm their fears,）

试着告诉他们我们所居住的这个有意思的世界是什么样子的，

（and try to teach them about the interesting world we live in,）

并且使他们感到快乐。（and make them happy.）

……

时间之箭已经射出，（The arrow of time has left the bow.）

很快它就会到达终点。（We have little time before it hits its final mark.）

我们不能虚度这光阴。（We must not waste this time.）

在这一点上，波特兰大学的气质，自由不羁的风格，倒是与他十分契合。学校没有强制性地规定必须在四年内完成课业，而是允许学生选取适合自己的方式，修完全部课程。这也意味着，大学课程可以是不连贯的，如果时间不允许或受其他条件限制，学生可以择期再学，一堂课学不完，两堂课、三堂课……接着学都没问题。北京有句俗话，"这风真烈啊，今儿刮明儿刮后儿还刮"。在波特兰大学，则是"这课好爽啊，今年上明年上后年还能上"。

理查德·西尔斯和他的大学同窗，极其愉快地度过了他们妙不可言的大学时光。有的同学不止学了四年，而是五年、六年、七年……身体力行地践行了《庄子·内篇·养生主第三》中的"吾生也有涯，而知也无涯，以有涯随无涯"。理查德·西尔斯创下的纪录，更是辉煌，或许都载入了校史：学习时间长达十年之久！这十年中，除了专业课物理之外，他还选修了化学、数学、音乐，优哉游哉，心满意足。

这种悠长得堪比密西西比河的大学学习时间设置，在大学生理查德看来，恰到好处。"很多低年级段的大学新生，人生目标并没有那么清晰，人生志向也未完全确立，因此，对自己具体要学习什么课程，以什么作为一生的梦想与目标，也稀里糊涂。大一新生的主修课程也许是历史课，但没准儿他对股票、金融市场也兴致浓厚。大学得允许年轻人去探索、去寻找。"

这颗种子，还没想好长成什么样的树，既仰慕皎皎月华的清辉，也不拒绝体验煦日和风。春天的山，妩媚动人；冬天的山，白露凝霜。如果没有亲眼见证过，亲耳听闻过，亲身体验过，岂不白白辜负了这段旅程？

十年间，理查德选修了很多与专业无关的学分：音乐、俄语、西班牙语、化学、生物学、历史、心理学，像一个观星的孩子，睁大了双眼，舍不得错过夜幕里每颗璀璨夺目的星星。

波士顿之旅——现代版"鲁滨孙漂流记"

趁着大学的间隙——这可是漫长的十年，理查德开始放飞梦想了！

他搭着便车，开启了恣意的旅行，他的旅行轨迹犹如在地图上画了一个顽皮粗放的曲线，从奥雷根到加拿大再漫游到波士顿。这段富于冒险精神的当代"鲁滨孙漂流记"长达 1.5 万公里。1971 年年底，他抵达了波士顿，由于在经济上失去了父亲的支持，只能靠在那里打工捱过寒冷的冬天。

波特兰是美国西太平洋地区仅次于西雅图的第二大城市，而波士顿则位于美国的东北岸、大西洋沿岸。作为美国马萨诸塞州的首府和该州最大城市，波士顿在美国历史上乃至在世界历史上都占有一席之地，历史上的"波士顿倾茶事件"改变了北美洲的走向和世界的格局。

理查德在波士顿逗留的时间接近一年。这段时光里，他没有什么机会深入了解这座大都市里繁华富庶的一面，他租住了波士顿黑人区最便宜的房间，工作生活的地点主要位于波士顿的"内城区"（Inner City），即"市中心贫民区"。如果说自幼长大的俄勒冈州梅德福以无所不在的安全感保护着这个少年，那么，波士顿内城区释放的气息则是暗流涌动、危机四伏。

"在美国，'内城区'不是个美称。我当年游历的区域真的很危险。一些人一旦手头拮据，就会铤而走险。"即使身为白人——美国社会的"主流人群"，理查德也时常处于忐忑不安之中，触目可见的社会不安定因素让他寝食难安。

一天，他睡在床上，让思绪插上翅膀，飘向远方，一时间他仿佛遁入另一个时空，眼前是金色的壮阔的麦田，巴赫的音乐在麦浪上空萦绕，好像一个喑哑的声音幽幽响起，在简陋的房间里盘旋：

什么是活着？什么是死亡？宇宙的另一侧是什么？

我只能在这里裹足不前？

我得学习一种与众不同的语言。

它应该离我眼下的生活相去甚远。

这个时期，被称为美国历史上的"嬉皮士的时代"。从根源上来说，"嬉皮士"是反抗当年美国社会的主流价值观的，他们不愿意顺从于上层制定的社会规则，开始尝试独立的思考、渴望开拓属于自己的空间，又因战争印刻的伤痕陷入深深的迷惘。苹果公司联合创始人史蒂夫·乔布斯（Steve Jobs），一度也是个"嬉皮士"，但正是因为他的天真放纵，怀着改变世界的"狂狷"之梦，才最终将苹果送上了巅峰。

"嬉皮士"崇尚自由、反对规则的精神追求，与美国社会的主流价值观尤其是上层价值观是格格不入的。20 世纪 80 年代，"嬉皮士"运动渐渐衰落，昔日的光芒渐渐黯淡，"嬉皮士"逐步被更符合主流价值观、具有精英范儿的"雅皮士"所替代。

作为"嬉皮士时代"长大的年轻人，理查德并不介意别人称自己是"嬉皮士"，在他看来，"世界上有两种人，一种人埋首于工作，却对抬起头来看看的世界意兴阑珊；而另一类人则希望能了解全世界。前一类人的世界是停滞不前、画地为牢的，而后一类人，则不断地挣脱原来的'圆'，探索去往外面世界的无限可能"。

"去中国学汉语"的念头就是在"思维探索"的那个晚上，强烈地占据了查理德的整个思想。

"全世界有 7% 的人说英语，但全世界说汉语的人占比达到了 20%。这些人究竟是什么样子，又是如何生活的？既然要学一门外国语言，那何不试试这门世界上使用人数最多的语言？"

他想拨开眼前的乱云飞雾，探测"星球"的边界。

他想学汉语！

说到做到！1972 年 7 月，22 岁的理查德·西尔斯用自己在餐厅洗盘子挣下的钱，买了飞往中国台湾的单程机票。

他想学汉语！

毫无疑问，又面临了一番地动山摇。

出发前的几个月，理查德与父亲交流了想法。不出意料，父亲怒气冲冲地训了他："你这是想当然想成了神经病！"

那个年代，在许多美国人眼里，东方太神秘太遥远，他们可不乐意孩子去那里"冒险"！

"你去了，就没命啦！"

这不是恶狠狠的威胁，而是那时的美国父母坚信不疑的认知。

但启程时，全家人还是送他去了机场。母亲抓住理查德的手。这个孩子从小就没让她省心过，19 岁之后更是不知疲倦地远行，像一只不肯停歇的纸鸢。

和我们一样，老外也会攀比，也有"晒娃圈"，妈妈的邻居、朋友们会夸耀自己的孩子拿了博士学位、赚大钱、在大企业工作。可理查德与这些都不沾边。

"我的妈妈可能有一点难过，因为她的孩子不是那个通常意义上的'好孩子'。"理查德回想。

好在他还有一个弟弟叫乔恩。"轻松一些，妈妈，飞往中国不过比我们飞往田纳西远几个小时而已，"弟弟乔恩安慰着妈妈，"中国会照顾好他的。"

与哥哥不同，理查德的弟弟乔恩过的正是父母期待的生活，人生轨迹比较简单，按部就班地读大学、工作。在乔恩心目中，"哥哥是个不同寻常的人，但我不觉得其他人会认为他是个嬉皮士"。

谁也没注意，父亲此刻扭转身去。之前，父亲气呼呼、怒斥他胆大妄为。在机场，与孩子离别的这一刻，所有的倔强与坚硬，烟消云散。父亲流泪了。

独在异乡为异客

1972 年的夏天，理查德怀揣一颗好奇之心抵达了中国台湾。

我们都是历史变迁中的小小飞鸿。但正如南美洲亚马孙河流域热带雨林中的蝴蝶，轻轻扇动翅膀，就可能引起美国得克萨斯州一场剧烈的龙卷风，波澜壮阔的变迁来自一个个细小的呼唤。大洋环绕着大洋，多样的物种栖息于同一片天空之下，孤独的岛屿与大陆在大洋深处紧密相连。

人心所向，注定了不同族群的人渴望了解彼此，飞跃沟壑。

这也是理查德的愿望。

中国台湾之行，是理查德继加拿大、墨西哥之后，第三次来到美国之外的区域。按航空公司规定，随身携带的行李重量不得超过 18 千克。理查德只穿了一件很厚的大衣，衣袋里塞满了书和几件随身物品，都是他的至爱之物。

旅途中的每个细节都难以忘记：他所搭乘的飞机是波音 707 机型，航程漫漫，路途颠簸。坐在他旁边的女人带着两个婴儿，婴儿及周围的几名乘客，不时地呕吐和上厕所。下飞机时，他觉得自己快晕过去了。

单程机票，花了他 750 美元，到台北时，他口袋里只剩下 80 美元了。

初来乍到，会说的汉语寥寥无几，人地生疏，除了口袋里揣着的一张纸，写着一个地址与姓名——一个朋友的弟弟。

那天台北的天气格外湿热难耐。

朋友的弟弟在机场的出口处迎接了他。这位弟弟带理查德去拜访了另外一个朋友的父亲——李先生。李先生的专业是历史学，获得博士学位，在当地的科学院工作了 40 年。得知李先生当前的月薪是 75 美元后，理查德的心变得拔凉拔凉的，赶紧偷偷地心算了一下——"天呐，我得花上 50 年之久才能挣到足够的钱回家"。

事实没有他预计的那么悲惨，实际上，他仅仅用了两年时间就挣够了回家的机票钱。那时台北的经济处在快速发展期，需要大量的英语老师，理查德在口语教学方面有得天独厚的优势，很快，就挣得比他的朋友要多了。不仅是工资收入，理查德在其他方面的收获也颇为丰厚——讲课经历不仅锻炼了他的汉语口语，实现了与当地人无障碍的交流，还娶到了当地媳妇。这是后话。

说回 1972 年。到达台北的第二天早上，理查德觅得了住处，一个小单间，房租每月 17 美元，没有热水。他将背包"砰"一声扔在床上，然后出门游览台北。这里的街道弯弯曲曲，犹如血管密布，整个城市里几乎没有两条完全平行的街道。蜿蜒的街道尽头处往往是某户人家。兴致满满的他，找了家小酒店，要了一瓶酒，瓶身标签上写着 Mi zhu（当地的一种白酒）的字样。

"你确定要一瓶 Mi zhu 吗？"餐厅老板向他确认。

理查德的字典里，"米酒"的酒精含量大约是 14%。他猜想，"Mi zhu"大概就是米酒吧。一瓶应该没问题。

他勇敢地点点头。

殊不知，咕咚咕咚一瓶过后，理查德忽然发现，他完全忘记了自己在哪里、从哪来、要做什么事，绕来绕去也回不到自己的住处。

用他的原话来讲就是，"我忽然变得非常醉。我要昏掉了"。

晕晕沉沉的理查德在台北的街头徘徊了一天。他掌握的汉语词汇十分有限，没办法告诉别人自己住在哪里，只依稀知道出租屋大约在当地一所师范大学附近。

谢天谢地，在学校周围转悠了 8 个小时后，他终于辨认出了那天早上自己租住的地方。

此后，出门散步之前，理查德总要再三确认住处的地址。"这并不总是容易的，但总是令人兴奋。"

"Mi zhu"与"rice wine"让老外分辨不清。他们会想当然地"望文生义"，以为 Mi zhu 就是 米酒。

同理，wine（我们常翻译为"酒"）和 Baijiu（即我们常说的"白酒"）的区别对西方人而言，也是个"烧脑"的问题。

西方人的观念里，wine 的烈度相当于葡萄酒，white wine 相当于白葡萄酒，red wine 相当于红葡萄酒。用葡萄以外的水果酿制的酒也属于 wine。如果只喝葡萄酒，自然是皆大欢喜，平安无事。

而我们所说的 Baijiu（白酒），按照酿制工艺分类，属于度数较高的蒸馏酒，就烈度而言，只有白兰地、威士忌、朗姆酒、伏特加等烈性酒可与之匹敌，用 Liquor and Spirits 来翻译白酒，比拼音注释的 Baijiu 更为精当，能让老外们更容易理解这酒的烈度几何。

如果把 wine 和 Baijiu 放在一起，老外就会犯迷糊。而当中国人把白酒翻译成 wine 并递给他们时，估计会"放倒"一批老外，老外是当作葡萄酒喝的啊。这就是语言和酒文化差异带来的小蒙圈吧？

理查德认为东方文化陌生、神秘又有趣，当地人对这位美国青年又何尝不是好奇？他们待理查德彬彬有礼，又时常忍不住偷觑，相互私语。小孩子表现得尤为率真与突出，常常几十人成一群，毫不遮掩地跟在这个外国人身后，研究他的举手投足。

有一次，村民捉到一只大猩猩，绑缚了它，在路边歇息。这样的野生动物，最易激起孩子们观看、玩乐的兴趣，搁在平时，少不得围着大猩猩指指点点，撩拨一番。

目睹这幅场景，瞧着大猩猩那可怜兮兮的模样，理查德怜惜之意油然而生，走上前去拥抱了它。这只大猩猩颇有灵性，也张开大胳膊还他一个拥抱。这一下，孩子们竟一股脑儿地掉过头来看他，数十双亮晶晶的小眼睛，聚焦在理查德身上，就差没喊出来："快看，这人比大猩猩还有意思！"

此时、此间，好像理查德才是最稀缺的生灵，是从遥远的人马座来的外星人。

独在异乡为异客，理查德头一回清晰地体会到"远赴他乡"的真实含义，生活也教会了他要"惜语如金"。50 年前的台北，通信行业远不如今天发达，理查德与父母通电话，是一项"大工程"，不仅要经过一番折腾，奔波到市中心，费用也是他这个打工人难以承受的天价——1 分钟话费，约合台币 1000 元！第一年，他和父母通话了 3 分钟，就花去 3000 元台币，着着实实 " 一字千金 " ！

现在，身在南京的他，已可以每天用微信视频与弟弟面对面交谈一两个小时，毫无障碍。50 年弹指一瞬，世界已白驹过隙、沧海桑田！

就在这段客居台北的时间，理查德有一个巨大的收获——一位朋友，是历史学教授，一天给他支招： " 理查德，给你取个中文名字可好？这样你的生活会更方便些。就叫 ' 斯—睿—德 ' 如何？ "

理查德高兴坏了： " 我很喜欢这个名字。 "

" 斯 " 是从他原本的姓氏 Sears 中的音节而来，北宋时期杰出的政治家、文学家范仲淹在《岳阳楼记》里写， " 微斯人，吾谁与归？ " " 斯 " ，又有 " 这个人 " 的意思。 " 睿德 " ，是从理查德原名中的 " Richard " 的音节而来， " 睿 " 代表着睿智，而 " 德 " 意味着品德，既是肯定，又含期许。

" 我常常要告诉别人，我的 ' 睿 ' ，不是 ' 瑞 ' ， ' 睿 ' 意味着 ' 非常非常有智慧 ' 。我还跟他们强调，我名字中的 ' 德 ' ，是《道德经》的 ' 德 ' ，我可不想让别人认为我是个德国人。 "

本文的叙事，也从此时起，改称理查德为斯睿德了。这不仅是一个新名字的诞生，更喻示着拾级而上的新的旅程。

" 死记硬背的方法学汉语？我学不来！ "

他一边用英语教学挣点儿生活费；一边出门与人广泛地交谈，他时常感觉新奇不已。一些接受过日本话教学的老人用日语与他打招呼时，认为 " 既然你是一个外国人，应该还会讲日本话 " ，这让他真的很 " 无语 " 。有时，他会搭便车去空气清新的山里，和当地人一起捕鱼、打猎，返璞归真，相当惬意。 " 在美国，生活有时是停滞的，甚至会倒退，但在这里不是如此，新奇与挑战无处不在。"

他喜欢跟各式各样的人交往，朋友中不乏在本地成长起来的、普通话流畅，在耳濡目染中他熟悉了普通话的一套发音方法，渐渐地可以尝试用汉语与当地人交流。他遗憾的是，"我 22 岁之前都没有听过汉语，如果我十几岁就开始学汉语，可能熟练程度、语音语调、对汉语内涵的理解，都会掌握得更好一些"。

基础不够，苦学来凑。斯睿德学习起来是绝对勤勉的。他买来那里小学一年级至六年级的教材，又亲手制作了 15000 张卡片，卡片正面的上方是汉字，下方是拼音，反面则是英文，无论是吃饭或散步还是去卫生间时，均手不释"卡"。

对这个喜欢交流的美国人来说，汉语的听、说，并非难以逾越的关卡；但读与写，一直困扰着他。在长达 10 年的时间里，汉字繁复的笔画与字形，让他"痛苦"不已，他理不清这些字形结构之间的逻辑关系。"我不是一个喜欢死记硬背的人，我想知道汉字为什么会这么写。"

"知其然，知其所以然。"科学探究的精神，又一次"灵魂附体"！这次是附着于汉字上！他想了解汉字的来龙去脉、前生今世。

往古来今，用这样的方式来学习汉字的人多吗？多乎哉，不多矣。在外国人中，他更算得上是凤毛麟角。

如果你不掌握一套语言学习的方法，如果你不去用心地学习语言，那么，就算你与它打了一辈子交道，也掌握不了这门语言。斯睿德用发生在他家乡梅德福的"美国人与汉字"的故事作为例证：

在梅德福有一家中国菜餐厅，陪伴了斯睿德的整个童年。它的名字是两个汉字，可 99.99% 的当地人，驱车经过那家餐厅，一年 365 天，10 年、20 年、30 年……无数个日日夜夜过去，依然不会写这两个字。"生活中，有些字可能我们天天看到，却视而不见，因为头脑并没有去有意地'记忆'。"

他自己在学习英文时，面临的是另外一个问题，"我不擅长拼写英文，这可能是我头脑的一个 learning disability（学习障碍）。大部分的美国人，他们看到一个单词，会轻松自如地拼写出来，但这是我的短板"。

如何战胜头脑的盲区、如何让大脑机智地学习一门语言？斯睿德坚信自己有一天会用科学的方法破译语言学习的"密码"。

第三章

青年斯睿德的奇幻漂流

有一种情感，突破次元壁

对于 20 多岁的斯睿德来说，除学习汉语之外，各种新鲜的见闻也让他乐此不疲，这是一个有趣、鲜活、广袤的新世界。

"如果我有台电视机的话，学习汉语会更快些。"他写信告诉爸爸。

本来只是想吐槽一下，倾诉一下苦闷，没料到的是，没过多久，好事情来敲门了！一笔钱款跨越万里从天而降，汇款单附言如是写道："这是个不错的主意。"

父子关系，一度是僵持的，在父亲眼里，儿子任性、不安分、离经叛道，可是一种浩瀚的情感，还是突破了次元壁，跨越了重洋。

让斯睿德尤为难忘的是，孤身在外的第一年圣诞节，他意外地收到了全家人录制的磁带，满满的祝福声，不绝于耳。尽管大家还是不大理解这个"没事儿到处晃悠"的游子，但全家人异口同声地说出了下面的话："理查德，我们想念你。"

寒冷干燥的台北冬天，在家人的祝福声中很快过去了。饮食方面的差异，是斯睿德要面对的又一个挑战。20 世纪 70 年代的台北市，不像现在这般食材种类丰富，烹饪方法也与斯睿德自小熟悉的梅德福饮食大相径庭。有一天，斯睿德感到胃肠开始翻江倒海，疼痛令他辗转反侧。由于病情发展迅速，他只得赶往医院。第一家医院不肯接诊，要他转诊去另外一家传染病专科医院："你患的可能是霍乱。"

经过诊治，斯睿德的病好转了，却留下了病根。此后的数十年，他都得特别留意自己的饮食，不能吃辣，肠胃不能受刺激，否则胃病就卷土重来。

识得一些汉字后，斯睿德开始阅读中文读物。他喜欢看清代杰出文学家蒲松龄的《聊斋志异》，书中的神仙鬼怪，多情的狐仙，落魄的公子，超越生死的爱情……让他着了迷。他还"迷上"了一位女作家的书，打算把这些书翻译成英文，向世界传播。这位女作家就是蜚声文坛，虽然和他相隔了十万八千里，但在灵魂的某个维度上与他惊人相似的三毛。

梦里花落忆三毛

> 蒹葭苍苍，白露为霜。
> 所谓伊人，在水一方。
> 溯洄从之，道阻且长。
> 溯游从之，宛在水中央。
> ……

美丽的中国台湾，阿里山林木葱茏，日月潭碧波荡漾，槟榔结满高耸的枝头，少男少女在澎湖湾旁许下"此生不负"的誓言……梦幻般的青春，又怎么可以缺失"三毛"呢？

在中国台湾，斯睿德遇见了两个女子。这似乎是一种奇特的巧合，她们的名字都叫"三毛"。

第一个"三毛"，大名鼎鼎。虽然伊人已逝，但她留下的作品，依然如明珠美玉，散发淡淡的、晶莹的光泽，风烟不能阻隔，巨浪无法湮没，承载了整整一代人的青春与洒脱不羁的理想。它们是《雨季不再来》《撒哈拉的故事》《哭泣的骆驼》《温柔的夜》……

怎能忘记，那个戴上一顶阔边草帽、再别上一把香菜，就与爱人永结秦晋之好的新娘；怎能忘记，对老婆的话深信不疑，认为细面条就是春天被冻住的雨，常常嚷嚷着要吃"春雨"的荷西。那个嫌名字中的"懋"不好写，把名字改成"陈平"，敢于反抗数学老师，远走天涯的少女，是一代人眼中自由、勇敢、活出真我的代表。

"谁见幽人独往来，缥缈孤鸿影。拣尽寒枝不肯栖，寂寞沙洲冷。"又清冷又热闹的三毛，爱思考又爱说说笑笑的三毛，看起来什么都不在乎、爱一个人却用生命孤注一掷的三毛，与这个世界保持着若有若无的距离。但她又深爱着这个世界，她走过的每一条路，捡起的每一颗小石子，在沙漠饭店里烹制的每一道菜肴，经她的描绘，变得活色生香，温润动人。

这种矛盾的气质，与斯睿德身上的"流浪"气质有不谋而合之处——一直在寻找，每每在憧憬，永远在路上。他一读她的书，便喜欢上了，"她是个又自由、又聪明的人"。他给三毛写信，在征得其同意后，尝试把《哭泣的骆驼》和《撒哈拉的故事》翻译成英文，后来发现，虽然能准确地表达出其语义，但三毛散文独特的意境，用英文很难传达，翻译计划便搁置了。他还想去非洲看望三毛，"非洲是我向往的地方，而她又和我妻子有一样的名字"。

三毛那些为人传颂的句子，他也朗朗上口：

> "更可贵的是，我要看看在这片寸草不生的沙漠里，人们为什么同样能有生命的喜悦和爱憎。"

这是三毛的原话，这也是他们这样的旅行者心底里生发出来的花与话。世间之人，忙忙碌碌追逐什么？又沉湎什么呢？何不做天地间自在的一羽沙鸥，一枚飘飘荡荡、纯白的蒲公英？她从中国台湾出发去看无垠的浩渺的世界，他从美利坚出发，探访神秘的、玄远的东方。抱着相似的念想与灵犀，两人在偶然间"相遇"，通过几行句子、几本书。

不过，由于荷西因意外骤然离世，三毛悲痛欲绝，万念俱灰。斯睿德非洲之行的计划，未能成行。

1981 年，三毛结束了在异国流浪 14 年的生活，回到了故乡。斯睿德终于有机会见到三毛。

这是一次短暂的见面，斯睿德见到了传奇的女作家。他并未与她谈论任何高深的问题，或就书中的名场面侃侃而谈。他在大街上请她吃槟榔，告诉她吞咽鲜槟榔的汁水会立刻引起血压下降，吞两颗有可能会晕倒，但 15 分钟后能恢复。心态开放、童心甚重的三毛，闻言开展了一场实验，当即吞服了两颗槟榔，然后慢慢地在路边坐下，等待低血压反应过去。

"我喜欢她的开放，从思想到心态，她对世界有兴趣，这一点我们很像。"

与这个"三毛"的相识有若"惊鸿照影来"，她长久地影响斯睿德的精神世界，镌刻下不可磨灭的烙印。

而另一个"三毛"，带给他的滋味，则是五味杂陈、喜忧参半。

1972 年，22 岁的斯睿德迎娶了他的新娘，乳名叫"三毛"的女孩。三毛家有很多孩子，她是第三个女儿，因此得名，那时他们都值青春年少。

回忆与她相逢的岁月，空气中都带着甜丝丝的味道。

"我们是怎么坠入爱河的？好像是一见钟情。有人问我，你太太很漂亮吗？我说，当然。什么是漂亮？中国有一句话，'情人眼里出西施'啊。"

当地人与他这个外国人打招呼时，最喜欢用的一个词，是 Hello。一天，斯睿德走在路上，身后传来女孩明朗清脆的声音："Hello!"

回头一看，两个小妹妹亭亭玉立，一个18岁上下，另一个15岁左右。他开始与她们交谈，了解了她们家中的情况——一共九口人，住处离他的不远。18岁的那位，就是乳名为"三毛"的女孩。

几次交谈之后，斯睿德与她们成了好友，并不时去她们家里拜访。这个家庭让他感到新奇，一方面这个家庭那么贫穷，爸爸妈妈和七个小孩，住在那么狭小的地方，居室分为两层，第一层为面店，白天对外营业，晚上父母居住；第二层则是矮矮的阁楼，七个小孩挤在上面，满满当当。另一方面，这个大家庭又那么快乐。斯睿德很喜欢这个和谐、温馨的大家庭，他带些夸张地形容，这个大家庭对他的意义："他们救了我的命。"

这个家庭的氛围，与他的原生家庭天差地别，斯睿德的父亲是精密、严谨的，如果要带孩子出去玩，一定会事先拟定一个详细的计划，几点几分做什么事，都规定得一清二楚，严丝合缝；而在黄家，哪里有"计划"这一说？心血来潮时，说走就走，分分钟开启一场畅快的旅行。

他还记得有一次，与黄家的七个孩子聚在一起玩耍，兴致来了，喊一嗓子："今天一起去加拿大好不好？"

"好啊好啊！"七个孩子鼓掌、雀跃。

八个人挤在一辆车里出发。到夜幕低垂、钱不够住旅馆时，他问一声："我们一起挤在车里睡，好吗？"

"好啊好啊！"同样是快乐地应答。

这阵势也许有些壮观，惊动了警察，警察瞅见一个美国人跟一群孩子挤在一处酣然大睡，不亦乐乎，不由得惊奇："你们在干什么啊？！"

同样，如果说钓鱼，斯睿德会带着七个孩子一块儿去垂钓，群策群力，他们钓回了数百条总重达180多千克的胡瓜鱼（smelt），归途中七嘴八舌地商量着蒸煮煎炸种种做法，无拘无束，此乐何极！

这种体验，是之前的家庭环境不能给斯睿德的。他乐不思蜀了！闭上眼睛，沉醉其中。

性格活泼，青春性感，这个乳名为"三毛"的女孩叫他深陷情网。1972 年，斯睿德和她结婚了。

"执子之手"，从 1972 年到 1980 年，斯睿德和她，度过了和和美美的八年时光，两人曾经一起搭便车旅行，环游了中国台湾东部的许多地方。

遗憾的是，两人却未能"与子偕老"。

斯睿德渐渐发现，自己可能不太适合婚姻。她想要的是一个传统的家庭，一日三餐，一年四季，岁月静好，有孩子承欢膝下，而斯睿德遏制不住地想要出发、再出发，去进行环球旅行。

"我的生活方式可能不太适合婚姻。"

当他帮助"三毛"及其家人移民至美国后，就与她和平分手了。

失落也好，惘然也好，千言万语，斯睿德归结为一句话："分开时，我很难过。"

分别之后，就是多年的杳无音信。

斯睿德一直以来，保持着一个习惯，不管人在哪里，每晚 8 点准时通过电话或社交媒体与远在美国的妈妈聊天。在他与"三毛"分手 30 多年后，老人兴奋地告诉他一个消息：

"'三毛'给我打电话了。"

还是源于汉字。那时，山西黄河电视台录制的电视节目《汉字三人行》在北美播放，其中斯睿德作为"汉字叔叔"出镜，有不少镜头。"三毛"看到了这个节目。虽然已 30 多年不见，当年的青年已满头华发，她还是一眼认出了斯睿德。

物是人非，这阴差阳错的相逢，是释然一笑还是唏嘘一叹呢？曾经真挚地爱恋过，以他的性格，就算分开，也不会记恨一生。牵挂也好，怨怼也好，终究化作了云淡风轻。像四月的桃李，从枝头跳落，飘飘洒洒，恰似春去了无痕。

随岁月，一起匆匆去吧。

"哦，这一生，我们曾经遇见过。"

90% 的父母最后都会原谅孩子

在寓居他乡期间，斯睿德与父亲的交流是断断续续的，买电视机时，父亲伸出了援手；每年圣诞节，父亲会率全家人录一盘磁带，送来祝福。这给了斯睿德一种错觉：父亲会一直保持着健康、青春与活力，会一直陪伴着自己。

但是，突如其来的癌症有如晴天霹雳，不仅击垮了父亲的身体，对斯睿德而言也是当头一击。

其实早在机场送别斯睿德之时，父亲的身体就很是虚弱了，他勉力支撑着自己才不至于倒下。对即将远行的孩子，纵使有万千叮咛，最后只化作简单的"祝你好运"！

斯睿德客居他乡的那两年，父亲的病情日趋严重，对孩子思念不已，却迟迟没有开口要求他回国。父亲与孩子保持着某种微妙的关系，看起来是疏离的，甚至会因为观点、道路的不同，大动肝火，但天性里的惦念与牵挂，不会因这些"不同"而削弱。暮年之际的父亲，想必也是尽己所能，默默地朝着孩子靠近，从未亲身涉足过孩子追寻的那片海，目光却不由自主地随着孩子的身影而流转，一天天、一年年。

那是一棵在森林中守护着小草的老树！倾力舒张着树冠，试图用他以为正确的方式，保护稚嫩的草儿们不遭烈日烧灼。常因过于操心，显得武断与固执，但这依然是一棵老的、好的、坚韧的大树。

65 岁的"老树"陷入了弥留。病痛和皱纹一起侵蚀了父亲的面庞。他气息微弱地躺在病床上，若有所思地望向窗外，仿佛在等待着什么。

千山万水之外的斯睿德，接到了妈妈的电话，心痛之极。他立刻购买机票，飞跃重洋，回到故乡。病房中儿子紧紧地握住父亲的手，在刹那间完成了过去

20多年间未完成的"和解"。

1974年，因思念家人，斯睿德回到了美国，继续之前在波特兰大学的本科学业。

对父亲的思念，并不随时间消逝，相反伴随岁月的变迁，父亲的影像、话语不时在他脑海中浮现。多年后的一天夜里，他恍恍惚惚做了一个梦，梦中他与一群对古汉字饶有兴趣的孩子们对谈。聊天间隙，有位小男孩递给他一个红色的盒子，说道："您父亲的留言。"斯睿德打开盒子，看见盒中安安静静地摆放着一部红色的智能手机，一张便笺躺在手机下："儿子，要记得，我给你买的电视。"

梦醒时分，空空落落。也许是上天的安排，也许是父子间的感应，这一天，正值父亲去世39周年忌日。

与汉字并驾齐驱的爱好

由著名电影导演李安执导、曾获第85届奥斯卡四项大奖的影片《少年派的奇幻漂流》，讲述了一次奇幻莫测、扑朔迷离的历险：少年派及其家人在旅行中，遭遇了海难，家人全部遇难，只剩下他与一只孟加拉虎在救生小船上漂流。随后的227天里，少年派与这头名叫理查德·帕克的猛虎共同经历了难以想象的艰难挑战，疾风骤雨的狂暴、大海的波涛万顷……大自然的冷峻无情，考验着这一人一虎。但九死一生的历险里，又闪现着倏忽即逝的微光，矫健的飞鱼群画出帅气的弧线，一头座头鲸跃出海面生机勃勃……这些都让派惊喜不已，除了惊惶恐惧、与至亲分离的伤痛，这段旅程向他昭示了生命的其他重要意义：

If every unfolding we experience takes us further along in life, then, we are truly experiencing what life is offering.

　　如果我们在人生中体验的每一次转变都让我们在生活中走得更远，那么，我们就真正地体验到了生活想让我们体验的东西。

　　青年斯睿德与少年派的相似之处就在于，他们都"在人生中体验的每一次转变中走得更远"。

　　从童年到少年、青年，斯睿德都在试图做一个不被定义的人，不被规矩束缚的人。他发现自己不被"规定"着的时候最开心。

　　"我发现，大部分的人生活分为三个部分：第一个部分，是家庭的，大部分人要结婚、生孩子、养孩子；第二个部分，是工作赚钱；第三个部分才是个人的爱好。我把个人的爱好放在很重要的位置，我可能不那么适合有家庭，也不太适合拼命工作。年轻时，我有很多的爱好，不仅仅局限于汉字，但后来汉字变成我最重要的爱好。"

　　有些人欣羡不已的"美式"生活——大别墅、大草坪、两个孩子一条狗，在斯睿德看来，"这种模式的生活很无聊。我要看世界，我要去非洲，我要去中国，我要学天文学、物理学和化学，这些事情更有趣、更好玩"。

　　"我跟别人有一点儿不一样。"

　　从 22 岁到 30 岁，斯睿德并没有一个特别专注的爱好与领域。他有着旺盛的好奇心，却没有在任何一个领域做太久的停留。毕竟，新鲜事物太多了，他目不暇接，像一棵贪婪的小树苗，吸收、生长，不知疲倦。

　　一成不变的工作与生活，会让他窒息。频繁的出行，构成了他 20 来岁至 30 岁生活的主题，他常常工作一年甚至几个月就辞职出门，足迹遍布蒙古国、俄罗斯、印度、缅甸和中国……

　　"我每天醒来都不知道自己要往哪个方向走，全凭我感兴趣的东西为我指引方向。"

　　30 岁左右，斯睿德终于开始集中注意力，致力于数学的学习与研究。他对物理的兴趣，也是有增无减，尽管 30 岁的他已经从波特兰大学毕业了，对物理方面的书籍却依然爱不释手。"我毕业的时候，物理算是马马虎虎，几十年过去，在物理、数学及汉字方面，我的学科知识储备可以说是越来越进步。"

斯睿德对科学的痴迷，与对汉字的喜爱，是并驾齐驱的。看到一位同事牙齿泛黄，他能够精准地说出她体内缺乏了何种微量元素。当这位同事手上破了个伤口，斯睿德随手从包里拿出一种药，说这种药能够治好她，且不留疤痕。在路边看见了癞蛤蟆，他也不会像一般人那样惊慌地大叫，而是蹲下来，将它捉入手心把玩，"它的皮肤腺体中有某种化学物质，这很有趣"。

在斯睿德家里，数学、物理、生物之类的书籍堆积如山。他从不吝惜在科学方面的投资，一本医学辞典，就要花费他数百美元。每次有新的无线电设备上市，他会第一时间入手，狂热程度不亚于"星战"迷排队买手办。如果家附近的实验室里有什么仪器淘汰了，他也会乐呵呵地"捡漏"回家，如获至宝。

以上种种只是一些"小儿科"与序曲。

40 岁时，斯睿德确定了他人生下半场最痴心无悔的"对象"，这一"入坑"，就是 30 余年。

"我 40 岁以前，都没有生活中心，我是从 40 岁起开始拼命学习汉字的。也不是某一天某一刻突然发生的，是日积月累、量变完成质变、到达临界点的结果。"

"不管是科学或者是语言方面的，如果在与它接触的过程中，我发现了一个新的现象，有了新的收获，我就会很开心。如果工作与生活是日复一日，你会觉得这样的日子非常无聊。所以，我要不断地发掘新的方向。"

43 岁那年，斯睿德对自己说："你可以去学汉字。"

在中国台湾的时候，斯睿德接触过汉语，可远没有达到精通的程度。

让他挠头不已的是汉字的结构与其读音、含义之间的联系。那些字形、符号，对斯睿德来说，过于复杂。死记硬背，是他不擅长且不愿意为之的。把科学当作半辈子信仰的斯睿德认为，"万千个汉字与其结构之间，一定隐藏着某种神秘的、暂时不为人知的规律。如果我们能找出撇捺勾提、符号元素背后的规律，那么，汉字将不再是'天书'，每个汉字都是合理的，都是可以言说的，说不定每个汉字背后，都藏着一个有待发掘的美妙故事"。

在研究汉字之前，斯睿德曾经尝试接触梵文和埃及文，但他很快认识到，"太难了！现在已经没有人使用这两种语言了。我找不到学习的好环境。它们已经成了化石"。

而汉字，现存的最古老且被广泛运用、生机勃勃的文字，成了他锁定的主要目标。

"汉字，我来了！"

第四章

让古代汉字，在互联网上"重生"

如果我只能活 1 年，我要数字化《说文解字》

如果生命剩下 50 年，你会做什么？

打怪、升级、不疾不徐、慢慢悠悠？

如果生命剩下 40 年、30 年、20 年、10 年，

你又会如何安排自己的时光？

科幻电影《前目的地》（Predestination）中虚拟了一个机构——"时空管理局"，这个机构可以安排一个人穿越过去与未来，来一次惊险诡谲的时空旅行。可现实生活中，我们很难拥有这样超现实力量，逝去了就是逝去了，没有逆转的可能。

如果剩下的时间还富裕，兴许我们可以佛系，可以悠哉游哉。

如果只剩下屈指可数的时光，你会不会立刻穿上跑鞋，奔赴埋藏在心底却一直未能启程的目的地？

或奔向魂牵梦萦却远隔天涯的那个人？

……

1994 年，突兀的选择摆在了 44 岁的斯睿德面前。

44 岁，一场突如其来的心脏病袭击了他。某一天他突然晕倒，与死亡一线之隔，医生做了基本的血管成形术，才抢救回他的生命。睁开眼睛，迎面而来的是医生凝重的表情："你的病情很严重，你的生命也许只剩下最后 1 年了。"

这也许与他头一年跑过马拉松、心脏耗损过大不无关联，又或许是积劳成疾的结果。总之，听到医生宣布这个消息的瞬间，他听到了自己的心"咯噔"一下，不知是心碎还是心跳。说来奇怪，几乎同一时分，胸腔里又传来"噼啪"一声，仿佛什么在开放。

有什么陨落了，同时也有热烈的、蛰伏了很久的心愿诞生了，如沉睡已久的种子要奋力挣脱禁锢它已久的"冰河时代"，它要苏醒，要开花，它再也不能等待了。

"我不知道自己还能活多久，如果只能活 24 小时，我要跟我所有的朋友说再见；如果我只能活 1 年，我要数字化《说文解字》，这是我生命中最迫不及待的一件事。"

翻越中文学习最难的一道关隘、也是至关重要的一步——书写环节，是缠绕他十余年挥之不去的心结。"莫言下岭便无难，赚得行人错喜欢。政入万山围子里，一山放出一山拦。"对热爱汉语的斯睿德来说，学习这门语言的过程中，狭路相逢的困难连绵不绝，关山万里无从度。

现在，他要正式克服读与写的关隘了。

很多老外学中文，采取的是"努力去记忆、玩命去背诵"的穷举式方法。但表音体系与表意体系，两者之间实际上横亘着天堑般的鸿沟。

从小热爱科学、有着较真思维的斯睿德，认为上述学习方法是南辕北辙。

"不要机械式硬背，而要寻根溯源，理解古人为什么会这么写，为什么会这样构造字形，这些汉字又怎么演变成今天的形态。我理解的科学，就是对事物要有自己的想法，找出背后的成因，寻求合理的解释。如果觉得有些解释不完善，那还得自己想办法找一找。"

"我学汉字，就要知道每一个汉字详细的来源。"

那时的他，只有一本书可以参考、借鉴。

这本书在字源领域大名鼎鼎、被誉为中国字典的"开山之作"，它就是由东汉经学家、文字学家许慎所编纂的《说文解字》。

许慎，字叔重，东汉年间汝南召陵人，曾任太尉南阁祭酒一职，他师从东汉著名经学家、天文学家贾逵，攻读古文经学，后来为了纠正秦汉以来书体错乱和"今文经"派臆想经文语义的做法，皓首穷经，花费了 20 年的时间撰写了《说文解字》一书。

作为中国最早的系统分析汉字字形和考究字源的语文辞书，《说文解字》在字源领域拥有至高的地位，也是世界上最早的汉语字典之一。举一个例子，《说文解字》完整而系统地保存了小篆和部分籀文，如果没有这本书，我们对自秦汉以来的篆书，很可能出现认知上的断层，更不用说，通过这个桥梁去认识更古的文字——商代甲骨文、商周的金文与战国时的古文了。它是汉语文献语言学的奠基之作。

知道《说文解字》的人不在少数，但通读过该书序言的人却不多。这篇精彩的序言清晰明了地解释了编纂者研究所得的有关于中国古代文字的来龙去脉。

　　古者庖牺氏之王天下也，仰则观象于天，俯则观法于地，视鸟兽之文与地之宜，近取诸身，远取诸物，于是始作《易》八卦，以垂宪象。及神农氏结绳为治而统其事，庶业其繁，饰伪萌生。黄帝之史仓颉，见鸟兽蹄远之迹，知分理之可相别异也，初造书契。百工以乂，万品以察，盖取诸《夬》。夬，扬于王庭。言文者，宣教明化于王者朝廷，君子所以施禄及下，居德则忌也。仓颉之初作书，盖依类象形，故谓之文；其后形声相益，即谓之字。文者，物象之本；

字者，言孳乳而浸多也。着于竹帛谓之书。书者，如也。以迄五帝三王之世，改易殊体……

如果翻译成现代汉语的话，便是：

上古的时候，庖牺氏（伏羲式）治理天下，仰首观察天象，俯身观察地理，检视鸟兽的羽毛与纹路，山川水土的地理环境，近的就取法于自身，远的就取材于万事万物，在这个基础上，创作了《易经》八卦，以此昭示吉凶，垂示法则。

到了神农氏，采用结绳记事的办法治理天下，由于各行各业日益增多且事物繁多，伪饰做假的行为也开始萌生。

黄帝时代，史官仓颉，偶然看到了鸟儿的足迹、野兽的蹄痕，如条理分明的版画，拓印在原野或山林中，线条清晰可辨，于是他豁然开朗，仿造这些痕迹，创造了笔画，这就是文字的起源。

百业井然有序，万物体察洞明。仓颉造字的本意，大概取之于《夬卦》，"夬，刚毅果决，发扬于王庭。"意思是说，仓颉创造文字是为了宣扬教令，使君王的思想得以在朝廷内外彰显、畅通无阻。君王以此向臣民们施予恩泽，而臣民则不可自恃才德，以文字之工牟取私利。

仓颉最初创造文字时，是依照事物的形象而绘制，所以称之为"文"，后来声音与字形结合起来，有了形声字、会意字，扩充了文字的数量，这些文字就被称作"字"。

文，事物形象的根本；字，指其由"文"派生而来，如同繁衍生息一般，数量日益增加。把文字写在竹简、丝帛上，这就又形成了"书"。"书"，也就是象，意味着，书写也就是模仿、遵循客观事物的形象。

就这样，历经 " 五帝三王 " ，文字在漫长的岁月中不断演变，在泰山封禅祭天的七十二代君主，留下的石刻字体也形态各异、各具风姿……

短短一篇 " 叙 " ，写出了汉字的历史。而 " 叙 " 之外的十四卷，更显示了许慎的深厚功力。作为字源领域的集大成者。这十四卷的内容为文字解说，字头以小篆书写，逐字解释字体来源。全书共分 540 个部首，收入 9353 个汉字，另有异体字 1163 个，共 10516 个汉字，是最早的按部首编排的汉语字典。

《说文解字》原书作于汉和帝至汉安帝年间，即公元 100—121 年。986 年，宋代学者奉诏，重新校对《说文解字》，并分成三十卷出版，这个校对本成为后世研究《说文解字》的蓝本。

当然，由于时代局限，对于《说文解字》的观点和内容，后世学者也有不同意见，如他们认为， " 他的某些假设可能和事实相符合，但是不能避免因缺乏史料而造成的失误……真正的文字起源，我认为应当还是劳动人民在劳动生活中创造的，因而仓颉造字等说法比较荒谬，一己之力是不可能完成这样庞大的工程的，但是由某一人将这些文字统筹、收集起来，形成较完整的文字体系应当是可靠的，只是这个人是不是仓颉，尚无法确定 " 。

" 尽管关于文字起源中的人物、故事并不一定真实存在，但依据在上文中所列举的资料看，我们可以确定地说，汉字的发展的确经历了这些阶段……八卦、结绳、书契，本就是人们用以互相传达意图的，许慎对于这些过程的总结应是可靠的。 "

上述这些不同看法，并不影响《说文解字》成为举世公认的记录、分析中国文字渊源的珍贵文献，它也是汉字爱好者从事该领域研究的入门书籍。

有志于 " 勘探 " 汉字奥秘的斯睿德，对《说文解字》兴趣盎然、情有独钟，也就不足为奇。

在医生宣布了他的生命进入倒计时之后，斯睿德的脑海中便诞生了一个宏大的想法——数字化《说文解字》，用科学的方法，"重构"这本图书，使它在互联网时代"重生"，让全世界的古汉字爱好者都能够接触、理解并参悟这本奇书。

他们不会说他是神经病，但觉得他有一点儿奇怪

斯睿德是从 1991 年开始拼命地学习汉语的，1994 年着手做《说文解字》数字化的工作。从 1991 年起的 20 年间，大部分的人以"奇怪"的眼光看待他。他们不会说他是"神经病"，但会觉得"这人有点儿奇怪"。

这是一件既不能带来名气、又不能带来任何利益的事儿。这人图什么？人们想不通。

斯睿德阅读过一位法国神父翻译的、于 1916 年出版的法文版《说文解字》。根据斯睿德的解读，这位神父"知道《说文解字》中有些矛盾的地方，可他没有办法解释清楚，只能担任翻译"，如实地以法文呈现出来。1921 年，在法文版《说文解字》的基础上，英国一位翻译家又推出了英译版。

斯睿德是在前人的肩膀上，开始了对《说文解字》的学习。他一如既往地保持着质疑、探究、批判性思维的习惯。2400 多年前的孔伋泉下有知，知道时空彼岸有一位"洋学生"，秉承了《中庸》里的求学姿态，"博学之，审问之，慎思之，明辨之，笃行之"，可能会觉得"孺子可教"吧。

"我那时刚开始学汉语，还看不懂《说文解字》中文版。可围绕着这本书，存在太多不同的观点，专家们各持己见。1990 年前后，互联网不是很发达，电脑化的古代汉字是非常罕见的。IT 方面的专家对古代汉字不感兴趣，古代汉字领域的专家对电脑又基本上是'门外汉'。"斯睿德回忆他的初衷。

这两个人群像是星球上彼此陌生的两类生物——喜马拉雅雪山间出没的云豹与随着大西洋波涛起伏的蓝鲸。你没想过迈入我的圈子，我也没打算融入

你的体系。身处同一个星球，却远隔江海、互不关心。

恰恰是站在交叉小径十字路口的"小孩子"，试探着伸出手推了推那隐形的门扉，于无意间打开一片新天地，撞进了一方暗香流动的"桃源"。

斯睿德就是闯入这方"无主之地"的孩子。他在"桃源"中偶然窥见珍宝，却未泛起一丝一毫把这珍宝据为己有的念头，他只有一个愿望：与世界不知在哪个角落蛰伏的朋友们一起分享、探讨这宝贝。"我想更了解汉字，也想让别人更了解汉字。让所有人学习汉字更方便。"

斯睿德在波特兰大学本科阶段学的计算机，硕士阶段学的物理，并于1985 年拿到了田纳西大学（The University of Tennessee）计算机专业图形识别方向的硕士学位。他与一些大学教授分享过自己的计划，即把《说文解字》《六书通》《金文编》和《甲骨文编》四本工具书里的古汉字，都扫进电脑里，建立一个古汉字数据库，但那些教授们却认为他"异想天开"，认为这是"不可能完成的工作"！

"那我就自己干！"

1994 年，斯睿德在硅谷一家公司任 IT 工程师，工作内容与软件国际化相关，服务对象包括 Sun（美国太阳计算机系统）等公司。这是他待遇最为丰厚的时期，使他得以开开心心地投入了自己心驰神往的"汉字数字化"工程。

"这工作，永远都不会帮你赚到钱的！"

别人做"斜杠青年"都是要赚钱的，斯睿德这份"副业"却纯属贴钱。他租下一间便宜的小房子，并聘请了一位名叫安的中国女子，协助他完成烦冗的扫描工作。

斯睿德理想中的助手人选，需要具备如下特点：

1. 有头脑；

2. 懂汉字；

3. 能胜任他交付的相关工作；

4. 工资又不能太高。

这四点缺一不可。

"物美价廉"的人才，历来都很稀缺。所幸他遇到了安。

1995 年，斯睿德遇见了刚刚从中国移民至美国的安。安的学历为初中毕业，1985 年才第一次看到冰箱，是个英语盲。两人相遇的那一年，安 55 岁，在硅谷四处求职，却很难找到工作。

"我这儿有份工作，你要不要尝试一下？"

"好。"

斯睿德很快就惊异地发现，自己淘到了宝！虽然没有学历优势、语言优势，但这个中国女子学习能力极强，一点即通。最初，《说文解字》对安来说，简直是天书，可一年过后，她就变成这方面的半个行家了。

斯睿德在工作室里配备了电脑与扫描仪等，并把计算机及文字输入法的简单操作方法，教给了安。安的日常工作，是将四本书上的古汉字一一扫描好并存入软盘里，接下来则由斯睿德负责编写程序、制作网站。

对安的工作表现，斯睿德赞不绝口，一个有头脑的女人能平心静气地从事如此枯燥乏味的工作，实在难能可贵。更何况，她的薪水也不高，每年才12000—15000 美元。这是他从自己每年 5 万美元的收入中挤出来的。

为了数字化《说文解字》，斯睿德几乎付出了所有，支出庞大：聘用安，租房子，购买价格不菲的古汉字相关的典籍。

工作了一段时间后，安有时会反过来向斯睿德提建议："这工作，永远都不会帮你赚到钱的！"

"可那不是最重要的，重要的是我想做这个。"

二人共事了七年有余，超过 2555 天。安勤勤恳恳将四本工具书——《说文解字》《六书通》《金文编》和《甲骨文编》——里的 96000 个字形，一页页地扫描并录入电脑。

直至如今，斯睿德都在由衷感谢着这位中国女子："没有安，就没有我的汉字字源网！"

今天，登录汉字字源网的字谜们，很难相信，它是由一个外国人和一个只有初中学历的中国女子，在田纳西诺克斯维尔 10 平方米的廉租房里共同完成的。他们共同创作了一首 20 世纪的《陋室铭》。

"斯是陋室，惟吾德馨。"唐代大儒、诗豪刘禹锡在创作《陋室铭》中也历经命运的波折，体味世态炎凉。刘禹锡因"永贞革新"被贬至安徽和州任通判，知县先安排他在城南面江而居，刘禹锡豁达地写下，"面对大江观白帆，身在和州思争辩"。知县闻知后，将其居住面积由原来的三间减少到一间半，新居位于德胜河边，刘禹锡仍泰然处之，写道："垂柳青青江水边，人在历阳心在京"。知县见此，再次打压，将诗人迁至县城中部，而且只给陋室一间，一床、一桌、一椅而已。居住在陋室环境中的生活终使他提笔写下《陋室铭》，并且流传千古。

居室可能狭小逼仄，装饰可能寒碜简陋，但这又何妨？一个房间的高洁雅致与否，不在于其装饰多么豪奢，飞檐翘角，镶金嵌玉，而在于是否散发着学问的馨香与读书人的美德。诗情与傲骨成就的是人生的磅礴江海，当"知县"们的"豪宅"在历史的烟云中化作瓦砾与尘埃，一篇含英咀华的诗文百世流芳，香飘万代。

10 平方米的廉租房里，输入电脑的古代汉字的工作如炽热的地火，在地幔下奔腾，日积月累，斯睿德硬盘中的古汉字所占据的容量，竟不亚于一个中型图书馆。在那寂寞的 2500 多天里，在除了安之外几乎无人作陪也无人理解的清贫岁月里，这些古汉字莹然生辉，它们也在世上流转了千年，冷清过，寂寞过，但终将有一天，绽放出让人惊艳的光华。

当然，将这些汉字"载入"电脑只是斯睿德计划中的第一步。他还有更长远的目标。

他的目标是创立一个字源网站，给全世界的汉字爱好者看！

文化藩篱高不可攀？那就打破它！

在研读《说文解字》的过程中，斯睿德遭遇的最大瓶颈是——不管书中怎么解释这个字的字形、字义及结构的相关性，他仍觉得有些字的解读不能自圆其说，"不可能是这样"！

"所以我一直思考，如果我生活在古代的中国，这个字指向的是什么？我开始琢磨古代中国人的日常生活是什么样的。然后，我慢慢发现，这个'字'所指的，可能不是这样子，而是那样子的。别人的意见，我也会听取，但更多时候，需要自己解决问题，需要自己给出一个解释、一套逻辑。"

这些"矛盾"与"困惑"是斯睿德想在互联网上与大家分享的原因之一。

去质疑许慎这样的先贤与大家，是需要勇气的，他是2000年后的"后生"，又是外国人，难度而知！

但勇气，尤其是学术上的勇气，斯睿德向来不缺乏。

在为疑惑求解的同时，斯睿德也迫切地希望改变古汉字书籍多年来"藏于深闺人未识"的状况。

搜寻这些典籍的过程，可谓"踏破铁鞋无觅处"。如有关于金文和甲骨文的书籍，寥若晨星，只有一些大学的教授知晓或收藏有这些书，普通人知之甚少。

一个本应为全体人类共享的"宝藏"，怎就变成了鲜为人知的"私藏"？

1994年，斯睿德专程去了一趟中国香港，访问了一些专家，进一步印证了这个令人惋惜的事实：此类图书即使在华文地区的普通书店里也非常罕见，偶尔一露"芳容"，也价格昂贵。这意味着，不仅像他这样的外国人难以搜集，连大多数中国人也"缘悭一面"。

这是斯睿德坚定地要将古汉字书籍数字化的原因。他说："几千年、几百年的历史资料都浓缩在书籍里，但只有最近数十年的资料，可以在网上被搜寻到。让人们能够畅快自如地找到 200 年、2000 年以前的资料，是很重要的，它们是我们了解历史的另一面镜子。"

知识的传承、共享和延续，对我们蔚蓝色的星球，具有何种重要的意义，不言而喻。刘慈欣的科幻小说《乡村教师》描绘了知识的延续是如何拯救星球的危亡的。简述如下：

远道而来的碳基联邦星际舰队，原打算摧毁这个位于荒凉的第一旋臂的星球（地球）。它们在发射奇点炸弹之前，会先进行文明测试。如果测试不能通过，地球将灰飞烟灭。一群位于我国西北地区山村小学的孩子，被随机选中，成为受测试对象。他们对前十二个测试题木然以对。第十三个题目决定了星球的存续："当一个物体没有受到外力作用时，它的运行状态如何？"

清脆的童声急急响起："当一个物体没有受到外力作用时，它将保持静止或匀速直线运动不变。"

这是片刻之前，奄奄一息的乡村教师，以生命最后一丝力气传授过的牛顿第二定律。

最后一簇火焰，点燃了星球留存的希望。地球得以继续它在太阳系中几亿、几十亿或更久的航程。

大刘笔下，挽狂澜于既倒、拯文明于危亡的，是负责薪火相传的乡村教师。

在斯睿德看来，古汉字的传承与传播，也有类似的作用。

他不喜欢文化间的沟壑。身为普通人的他，讨厌一切人为的、高高在上的藩篱。他逐步了解了美国图书馆、文化界里的"圈子"文化，普通人去图书馆借书，是很难借到足够深度的书的，能借到的书的深度，通常不超过大学一年级。你必须有高能物理专业的朋友、量子力学专业的朋友、精通医学的朋友……才能借阅到足够高深的书。如果你拥有较高级别的学位，获得该领域的高精尖的图书，也许不是难事，但如果想跨越专业领域，那依然得依靠"圈子"

和"朋友"。

知识的平等获取是打破阶层固化的重要途径。印刷术传到欧洲后，改变了原来只有僧侣才能读书和接受高等教育的状况，为冲破中世纪漫长黑夜，以及文艺复兴运动的萌动，提供了一束光亮。而斯睿德的行为，恰似一个挑战风车的勇士，向着东方古文字研究方面的桎梏发起了进击。

当时的他，并不知道打破这些禁锢和圈层，需要多持久的努力，也无法预计，凭一己之力，能在这深潭中，激荡出多大的涟漪。

他根本没有"万丈雄心"。

他的梦想很简单："这种东西原来可能很高深，也许有一天，人们通过互联网，一打开链接，就能获得这方面的知识。"

想想就很美妙。

那时斯睿德已安家在美国田纳西州。田纳西州的大学图书馆是当地首屈一指的高级图书馆，可经过一番"搜寻"，斯睿德失望地发现，那里的书基本上都是与核能物理有关的，和汉字不沾边；而伯克利大学（University of California，Berkeley），虽然收藏了一些汉字专家的图书，但也是不对外的。"如果我不认识其中的一位专家，经他介绍进去阅览，可能都不知道这些书的存在。"

既然如此，只能靠自己了吧。

斯睿德开始自己慢慢搜集这些特别的图书，足迹不仅踏遍了美国，更踏遍了全世界。这位硅谷工程师兼任收藏达人战果惊人，到 2000 年，他已经可以骄傲地宣布："全美国可能再也找不出能在古汉字典藏方面超越我的图书馆。"

他的"骄傲"是有资格的：《甲骨文》《甲骨文编》《金文编》……能集齐该领域所有书籍的，在当时的美国，不超过 10 个。各大学的图书馆，也很难找到这些特别的书。某些出版社的仓库里或许还有几册，普通书店就付之阙如了。

经年累月的收集、不放过一线可能的寻找、不惜千金刷爆信用卡的购买、踏遍天涯频遭 " 出入境 " 难题的尴尬……这些常人难以想象也懒得去承受的艰辛，于斯睿德是家常便饭。

他付出的代价不仅于此。与他此后要付出的相比，前面的那些，有如峭壁间的一棵棵栎树，后来的那些则如苍茫无际的森林。

想发掘古汉字背后的秘密？得去它的发源地！

在不断搜集这类古文字图书的过程中，尽管数量越来越多，斯睿德却发现有个 " 缺口 " 越来越大。

他搜集的英文版的甲骨文与金文的书籍，有的收入了 500 个左右的古汉字，有的收入了 1000 余字，有的多达 1 万余字。但对古文汉字的注释、解读，却莫衷一是。

" 有的书帮助我解决问题，有的书让我更有问题。"

" 如果你想了解烤鸭为什么这样好吃，你最好去一趟北京。"

那么，如果想发掘古汉字背后的规律和秘密，还是亲身到它的发源地看看吧！

1994 年，44 岁的斯睿德再次来到了中国台湾，44 岁在中国传统文化里已算得年逾不惑，但斯睿德依然保持着对钟爱的事物旺盛的好奇心。他此行专程拜访了一些重要的研究员。其中一位便是时任台湾大学中文系教授的著名汉字学家李孝定。

李孝定先生在古汉字研究方面造诣过人，著有《汉字的起源与演变论丛》《甲骨文字集释》两部影响深远的学术专著，有甲骨文研究的 " 拓荒者 " 之称。李孝定对于汉字的突破性研究在于，他不囿于前人的定见，不拘泥于先贤的解读，而是根据自己的实地考察和研究心得，梳理出古文字的渊源脉络，自成体系。

　　台北某高校教授在其所撰写的《李孝定先生传》里，详细叙述了这位当代大家的学术突破，谨节选一二。

　　　　许慎《说文解字》，千余年来，学者奉为圭臬。但许君少见真古文，故其说解文字之初形朔谊，间有乖违。有宋以降，金文之学渐兴，至清而益盛，然而《说文》学家，囿于许说，于金文家言，少所采信。降及近时，甲骨出土，数十年间蔚为显学。先生治甲骨金文，以其所得，检视许说，著《读说文记》，以丁福保氏《说文解字诂林》为底本，取其与甲骨金文并见之字，细读诸注，慎加论略，于诸说未安者，间书己见，于文字结构演变之轨迹，创发尤多，裨读者于纷纭众说，知所适从也。

　　　　先生留心陶文……撰《小屯陶文考释》，发现陶文与甲骨文形体结构，几于全同，以为陶文与日用文字应有密切之关系。此文晚至1956年史语所迁台后，发表于《小屯》考古报告《殷虚器物甲编·陶器》上辑以为附录。此一研究，实为日后先生倡议从陶器刻划符号探索汉字起源之工作开启先路。

　　李孝定从对陶文的研究中，发现了陶器上的文字与甲骨文的形体结构几乎相同，并认为陶文和中国古人的日常生活有着密切的联系，这一发现，开启了从陶器刻划中探索汉字起源的道路。

　　学术研究，至深至难之事，莫过于"不唯上、不唯书、不唯众、只唯实"。面对千百年来被奉为圭臬的许慎的《说文解字》，李孝定先生敢于另辟蹊径，提出创见，探索截然不同的学术道路……这不仅需要勇气，更需要丰厚的底蕴以为支撑。

　　李孝定少年即患近视。斯睿德去拜访他这一年，即1994年，李孝定的左眼已经失明，右眼患有白内障，病情日益严重。垂暮之年的老人依然认真接待了远道而来的虔诚的客人，字字句句，令斯睿德终生难忘："汉字有其发展脉络，每一个字背后都有意义，每一个笔画都有来源。"

虽然眼睛视物有障碍，却不妨碍李孝定向学术上的后来者点燃了一支可以驱散晦暗、照亮未来的明烛。

《金文编》正是由李孝定向斯睿德推荐的："你对古汉字研究这么有兴趣的话，应该精读这本书。"

《金文编》的研究思路，也是秉承"格物致知，实事求是"的研学态度，从实物出发，考察其与古汉字的渊源。《金文编》正编，辑录的是殷周时期金文，续编则采用秦汉时期的金文，辑录的文字以镌刻在古代青铜器中的礼器（一般用作盛酒的酒具，也可以作为宗庙祭祀时的器皿）上为主，其次则是镌刻在兵器或铜镜上的文字。《金文编》中所摹写的字，大多数是根据拓本或者影印本而来，这本书是研究古汉字沿革的珍贵资料。

可惜的是，《金文编》于1985年由中华书局出版，作者容庚，当时在那边的书店几乎买不到这本书，斯睿德也是1994年才买到。

李孝定先生所著的《甲骨文字集释》（全八册），编排采用《说文解字》体例部次。每字之下，首列篆文，次举甲骨文的各种异体，详注出处，让斯睿德心痒难搔。可由于小众之极，这本书于1965年在台北出版时，只印刷了数百册，到了1994年市面上几乎没有了，李孝定身为作者"本尊"，也很难买到这本书。

与浩如烟海的畅销书相比，这类珍贵的古汉字书籍就如大海里的绣花针。它们是小众书籍，但"苔花如米小，也学牡丹开"，即使悄无声息，可谁又能抹杀它顽强的生命力与珍贵的价值呢？有一些事物，开得一季，便同吴宫花草一道埋了幽径；也有一些事物，宁静致远，香远益清，隔了一百年、一千年，都吸引人前来寻访。

斯睿德便是"痴迷者"之一。

通过李孝定的朋友，斯睿德辗转购得《甲骨文字集释》，寻寻觅觅，又找到了《金文编订补》（作者陈汉平，中国社会科学出版社 1993 年 9 月出版）。

他不觉麻烦，他不感疲累，他欢喜至极。再怎么辛苦辗转，他都觉得"好赚"。

第五章

人在囧途

广州：以天为庐，以地为席

1994 年，对斯睿德来说，另一个特殊的意义在于：他的步履第一次触到了中国大陆。

"小时候 / 乡愁是一枚小小的邮票 / 我在这头 / 母亲在那头……"，著名诗人余光中对海峡另一端，始终魂牵梦萦。对中国大陆，斯睿德也是好奇已久。只不过在 1994 年以前，他一直没什么机会亲自来走一走、看一看，抚摸一下他在书籍里"读"过无数回的古文字。天地氤氲，万物化醇，如月之恒，如日之升，古朴稚拙的陶器上，端方浑厚的青铜器上，隐含了多少中国古人观察星辰变幻、万物运行而生的联想与思考……

虽不能至，心向往之。

让他没想到的是，这一次，他竟机缘巧合地踏上了中国大陆的土地。

在中国台湾搜寻古书的他，不亦乐乎，3 个月时光一跃而过，他才意识到一个重要的问题：旅游签已到期，他必须离开这里。他只得采取迂回战术，到中国香港"中转"一下，以期再回到中国台湾。可到了中国香港，那儿昂贵的酒店价格，给了囊中羞涩的他一个"下马威"，停留一个星期，很快他便耗不起了！

无奈之下，斯睿德只得二次"迂回"，中国香港距离广州只有一百多公里。他"投奔"到这里。可旋即发现，即便辗转来到了广州，他依然捉襟见肘，"我这一辈子都是没有什么钱的"。

这让人联想起开普勒。发现了火星运行的椭圆轨道、被誉为"天空立法者"的开普勒，也是这样"一辈子没什么钱"的，一辈子都在与"五斗米"周旋，为了糊口，开普勒不得不去当一名数学教师，苦苦支撑一家老小的生计；为了讨回被拖欠的薪水，开普勒抱着老病之身，孤身远赴林茨，最后在饥饿与孤独之中，死于一家小旅馆。对于那些对星空兴趣盎然的人来说，物质的困顿不妨碍对精神世界的追求，穷困潦倒并不能阻止他们远眺苍穹。

斯睿德别有一番潇洒散淡。不能住酒店，那就不住好了，城市这么大，何处不能栖身呢？天高地厚，怎么不能当我的房屋和被褥呢？

他在广州城里转悠了半天，给自己寻了一处满意的"住处"，然后乐呵呵地"下榻"了。

这个住处，位于广州市内一处公园，有绿树擎天，有木棉缤纷，有流水潺潺……开阔的草坪，三三两两的长椅，都是最好的"床榻"啊！

时值端午前后，斯睿德天当被地当床，丝毫不觉寒冷，偶尔有几只"好客"的蚊子，在四周飞旋，"嗯嗯嗯"哼着小调。这公园充分体现了当时广州人的豪爽厚道，不独有他，颇有一些漂泊的流浪者，把这里当作"客房"。中国人也好，老外也好，在此地亲切无间。

天地为庐，"室友"不固定，今天是这位远行客，明天可能是那位夜归人。一天，相邻的一位女子与他诉起她的苦楚，她也不想这样漂泊无定，她是外乡人，听信一个男子的话，说广州打工很挣钱，便来到这里。谁知，一碰面才发现，对方提供的工作，居然是某种不可言说的特殊服务，她自然无法接受，逃之夭夭！人生地不熟的她只得逃到了这个公园。

竟有这样的事儿？斯睿德难以置信，翻涌上来的同情心让他迅速做了一个决定——把身上剩余的为数不多的现金，全都送给这个女子，助她回家！

就这么慷慨出手，搭救一个素不相识的人？

斯睿德的"大侠"般的做派，并非始于广州之行。最远可上溯至他小学时期，他对一个名叫特蕾莎的女孩，也曾经有过如此仗义之举。

特蕾莎是个外表不怎么出众的女孩，长着龅牙，戴着厚厚的眼镜，看起来和其他人不太一样。这些让特蕾莎在班上被孤立、被霸凌。可斯睿德见不得这些不平，见不得对"不一样的人"的残忍。谁还不是"不一样的烟火"呢？难道，就因为具备一些和他人不一样的特征，就要被疏远被嘲弄？

当很多人讨厌特蕾莎时，斯睿德想："我要去爱她。"

小学二年级情人节，孩子们都欢天喜地地迎接这特别的日子。他们给同学们分别准备了丰盛的礼物，一个班 25 人，几乎每个人能收获 15—20 件礼物。

而不美、孤独、"渺小"的特蕾莎，只得到了两件礼物，一件来自老师，一件来自斯睿德。

由这样一件小事，我们可以品读出斯睿德性格中的几个特点，比如同情心，容不得一丝丝霸凌与残忍；比如勇敢，"虽万千人吾往矣"，大家都不喜欢你又如何，我就拿你当好朋友了；比如独立思考，不随大流不人云亦云。人又为什么一定要按照一个模式生长呢？

他和特蕾莎的友情，从小学延续到初中、高中。两人是名副其实的密友，"老铁"到什么程度？有一次他翻单杠，摔得不省人事，醒来看见特蕾莎，特蕾莎跟他说："你能行！"

现在几乎再也找不到这样的朋友了。现在的斯睿德试图干一些危险的事儿时，他碰见的女性都会实话实说："你太老了。"

好汉斯睿德将所剩无几的盘缠慷慨地送给了流落公园的弱女子。过了好一阵子，才想起一个关键的问题："接下来怎么办？我也没钱了……哦，我好像有信用卡！"

可当时的广州，乃至整个中国大陆，还不支持信用卡支付。

幸好返程的机票已提前买好！当他返回中国台湾时，口袋里已是彻彻底底地空空荡荡。

"这张信用卡被人冒用了！立刻冻结它！"

类似的"人在囧途"，在 2005 年，又来了一次。

这一年，在历史的长河里，写下不同凡响的篇章。2005 年 1 月 6 日，新中国第十三亿个公民诞生；1 月 29 日，中国国际航空公司的飞机直接降落于中国台湾；10 月 9 日，中国国家测绘局向世界公布了精确测量后的珠穆朗玛峰海拔新数据：8844.43 米；10 月 12 日，两名英武的航天员费俊龙、聂海胜，乘坐神舟六号飞船进入太空，10 月 17 日返回，标志着我国的载人航天技术的又一次重大突破……

"见微以知萌，见端以知末，见微而知著"，再次来到中国大陆的斯睿德，清晰地感受到了这里日新月异的变化。2005 年，北京、上海、广州等地的大酒店陆续开始接受信用卡支付，虽然还没有大规模普及，但金融创新、金融开放的态势，如日之升，蓄势待发。

斯睿德此行，依然"情有独钟"，奔着一套珍本而来——上海教育出版社出版的《古文字诂林》，编者是李圃等。全书共 12 册，自 1991 年立项，到 2005 年，终于开花结果，全部出齐。《人民日报》海外要闻版在向国内外做推荐时，用了一个定位极高的标题——"集万卷于一书，汇万卷于一编"。

"卷帙浩繁""包罗万象""汗牛充栋""名家荟萃"……这些形容词都可用来描述这套丛书的容量、体例与考释工作了。它涵盖了包括甲骨文、金文、战国秦汉玺印文、战国货币文、陶文、战国秦汉简牍文、帛书、石刻文、春秋战国石盟书在内的九种出土古文字，《说文》篆文、或体、古文、籀文、奇字、《三体石经》古文，《汗简》和《古文四声韵》等传世古文字，考释资料总量约一千万字，堪称这一百余年古文字考释研究成果的集大成者。

全书售价，在当时为 1000 美元。别说 2005 年，就算是今天，又有几个人会花 1000 美元去买一套书呢？

但斯睿德如获至宝，就像小伙子走遍天涯海角，爬过了雪山，穿越了戈壁，千里迢迢奔赴了伊犁，找到了心爱的姑娘。他毫不犹豫地刷了 1000 美元，捧回心爱的图书。

不曾想，这边刚显示"成交"，他马上就被人"举报"了，"举报者"是美国信用卡中心，他们给斯睿德的太太（斯睿德第二任妻子）打电话："我们发现有人在中国地区花 1000 美金买了中文书，是不是有人盗刷了你们的信用卡？"

斯睿德太太那儿也炸了锅，"立刻冻结这张信用卡"！

她这样要求并不奇怪，原因有二：真的担心有人盗刷信用卡；如果刷信用卡的人是斯睿德，那更要制止了！对于斯睿德"稀奇古怪"的爱好，她已经"是可忍孰不可忍"。1000 美元对斯睿德一家来说，不是个小数目，而斯睿德就这么一挥手，买了这不能吃、不能喝、也看不懂的中国古文字书？！

1994 年的桥段重演，由于信用卡被冻结，斯睿德还是住不了酒店。

斯睿德的第二任妻子姓叶，也是中国台湾人，在与第一任妻子"三毛"离婚后，斯睿德认识了叶女士，之后两人结婚。叶女士对斯睿德所热衷的事情并不感兴趣。

女人对财务问题，通常是敏感、务实、精打细算的。从她的视角来看，斯睿德这些年尽没完没了地"烧"钱了。1994 年，《说文解字》数字化工作开启时，他每年租借网站服务器的费用就达 1800 美元，支付给安的薪酬每年达 1 万多美元。往来中美的差旅也花销不菲。她忍不住规劝斯睿德："不要乱花钱了，有钱要留住。"这一理财观念，与斯睿德的观念大相径庭，斯睿德信奉的是"兴趣第一"。于是，斯睿德与妻子的分歧和争吵也由此而生。

2002 年，这个家庭遇到了更严峻、更直接的考验。时年斯睿德 52 岁，是不折不扣的高龄程序员，偏赶上美国经济又不景气，他失去了在硅谷的工作。怎么办？难道就此"躺平"？日子还得过下去。他只得去田纳西找了份河道管理员的工作，经济上也就拮据了。这份工作纯粹是为了糊口，在那段时间，他与汉字的唯一一次联系，是起因于他的同事蒂娜带来一个印着中国书法的瓷盘子请他辨认，而斯睿德对盘子上面龙飞凤舞的字体并不了解。他上网查那些字迹，发现来自王羲之的《兰亭集序》。

王羲之何许人也？什么朝代的人物？他还是不太清楚。直到 10 年后，接触了一些典籍，他才恍然大悟，原来《兰亭集序》是非常优美的大家名篇。公元 353 年，中国晋代的大书法家、被后世誉为"书圣"的王羲之在浙江绍兴兰渚山下以文会友，饮酒作赋，诗兴大发，挥毫写下了这篇美文，书法笔意纵横，意态潇洒，千古横绝，被后世称为"天下第一行书"。宋米芾诗云："翰墨风流冠古今，鹅池谁不爱山阴；此书虽向昭陵朽，刻石尤能易万金。"

从古至今，文人墨客的"风流总被雨打风吹去"，而这样的书法作品，这样的文化，可以刻在石头上，写入典籍中，可以不朽！

斯睿德对汉字研究得越深、了解得越多，便越是痴迷，痴迷到忘了世间万物，忘了自己的拮据清贫。苏东坡的《定风波·莫听穿林打叶声》，形容此刻斯睿德的境况正合适，词云："料峭春风吹酒醒，微冷，山头斜照却相迎。回首向来萧瑟处，归去，也无风雨也无晴"。对许多人而言，失业、降薪以及由此引发的夫妻失和，是天崩地裂一般的事儿。但也有一类人，面对诸般坎坷，浑不在意，他的内心深处有属于他的山头暖照，一蓑烟雨，足慰平生。斯睿德的"山头暖照"就是他钟爱的汉字。

婚姻不曾赐予他孩子，在 2002 年，他自己的"孩子"——汉字字源网"呱呱坠地"、公开上线了。汉字字源网，犹如一个稚嫩的新生儿，温润了斯睿德的生命，此后的岁月，即使还有雨疏风骤，他也不觉凄苦，不觉孤独。

这是一个朴实无华却不枯燥乏味的网站，收纳了斯睿德辛苦辗转搜集而来的近 10 万个古代中文字形，与 6552 个最常用的现代文字字源分析。其中，含 31876 个甲骨文、24223 个金文、秦汉的 11109 个大篆书、596 个小篆体。每一个字形，对应一个编码。此外，网站上有部分普通话、闽南话、粤语和上海方言的语音数据库，在网站上输入某一汉字，可以查到这个字简单的英文释义、繁体字表示、Unicode（统一码）等。

对这个土生土长的美国人来讲，创建这个网站，他跨越了三重难关：第一，要收集足够丰富的古汉字资料并厘清其中的内涵；第二，要超越外国人的思维溯流而上，又顺流而下，对汉字字源给出合理的解释；第三，要跨越古汉字与现代 IT 技术之间的沧海，修建一座前无古人、气势不凡的大桥。

中文与英文，古人的所思所想与今人的所悟所感，沧桑古老的汉字与逻辑缜密的程序语言……关山难越，更何况处处"关山"！8 年中，光是写程序的语言和数据库系统软件，他就更换了好几次，心无旁骛，兀兀穷年。科学家般的实验和探索的创新精神，对史学家著史的坚忍专注，这两样但凡缺了一样，汉字字源网都不会诞生。

可你要斯睿德回味其中的苦，他又未必"苟同"。乐在其中，就不以为苦了。正如网站耗尽了他多年来积攒的 30 万美元，但他就是不肯在网站上放上一条商业广告。"我喜欢汉字！我研究汉字不是为了钱，也不是为了名。即使我一无所有，我也要保护我的研究。"

但是发自内心的捐款，斯睿德是不拒绝的，网站首页，有一行文字：

Please donate so I can keep my research since 1994, and keep the information updated and free without advertisements.

（我从 1994 年开始自费研究古汉字。请捐款，这样我可以继续汉字研究，持续免费提供这些内容，并且没有广告干扰。）

后续的发展证明，他想多了！从 2002 年至 2007 年，网站访问量一直很平静，波澜不兴。访客来自世界各地，多为对甲骨文、古汉字感兴趣的专业人士，即小众人群。收到的捐款也屈指可数，一年也就一两次，最多一笔也没超过 50 美元，捐献者为美籍华人或中国台湾人，这金额根本无法维持网站运营所需，更不用说补贴家用。

53 岁的背包客，失之交臂的纳木错之行

一个家庭能维持下去，有赖于夫妇双方惺惺相惜。居里夫人和她的丈夫皮埃尔·居里，不畏艰苦，齐心协力，在大量沥青中提炼出了"镭"，双双获得 1903 年诺贝尔奖，成就了科学史上的一段佳话。

叶女士与斯睿德，无法拥有相同的爱好与信仰。

"得之我幸，失之我命"，对婚姻中的争争吵吵、分分合合，斯睿德淡然处之。

他照旧追寻他的梦。

2003 年，年过半百的他又一次踏上了漂泊的道路。这一次，目的地是中国西藏。他先是到达了蒙古国首都，饱览了乌兰巴托的浓郁草原风貌；接着又越过孤烟袅袅、黄沙万里的戈壁沙漠；随后抵达了中国首都北京。在中国，他开启了酝酿已久的计划：当一名背包客，跋涉到西藏。对于西藏，他慕名已久，传说那里雄鹰飞旋、山湖纯净，布达拉宫经幡阵阵，林芝桃花百里，高僧低声吟诵几世轮回的经文，姑娘们带着高原红载歌载舞。往古来今最优秀的画家都难以涂抹出那里的蓝。慵懒的阳光暖洋洋地照在身上，连坚硬的石头，好像都能被融化。

斯睿德先报了一个旅行团，乘火车抵达拉萨。不是所有的团队项目他都参与，有时，他喜欢一个人去探索，他要的是那份单枪匹马、没有羁绊的舒朗畅快。

拉萨海拔高度 3650 米，高原缺氧，53 岁又接受过心脏手术的他面临不小的考验，连续步行的时间长了，便会气喘吁吁、面青唇白、失去神采。饶是如此，斯睿德也没想过放弃脚下的路。途中，他遇到了几个背包客，一个美国人、一个阿拉伯人、几个中国人，大家都计划去看世界上海拔最高的咸水湖——纳木错，于是一众人相伴而行。

纳木错与羊卓雍措、玛旁雍错，并称为西藏"三大圣湖"。"错"（措）在藏语里是"湖泊"的意思。关于这片湖泊的由来，有一个凄美绝伦的传说。相传纳木错是帝释天的女儿，而草原的守护神念青唐古拉则是她的夫君。念青唐古拉戴盔甲、骑白马，右手执着马鞭、左手持有念珠，英俊威武，为了保护草原的生灵，他与冬神作战，力竭而败，堕入深深的山崖；而纳木错则在暴风雪中痴痴等候，娇美的身形与泪珠一起汇成了湖泊。

纳木错，占地约 2000 平方公里，是世界上海拔最高的咸水湖，湖面濛濛，如梦如幻，如泣如诉。

尤为奇特的是，在纳木错北岸，有一只天然形成的石象，巍峨地矗立在幽幽湖水之畔。如果不是大自然的鬼斧神工，又怎会有这样惟妙惟肖的石象？当地人称之为"圣象"，称纳木错为"圣湖"。秀丽湖泊，滋润这周围数十平方公里，草木丰美、牛羊成群，辉映天上点点繁星。

在向往远方的人眼里，纳木错好似塞外悠然独立的神女，海内外很多游客，为了看看她，愿意翻越千山万水，欣赏她清丽超然的灵气、琼苞堆雪般的仙气，以涤荡在尘世间沾染的浑浊。

一行九人，说说笑笑，旅途少了很多寂寞。临近纳木错时，出了一点小小的意外，同行的 26 岁的中国哈尔滨女孩 Sissi 晕倒了。这之前，他们已经开了一天的车，中间没有任何的停歇。舟车劳顿，再加上 5200 米左右的海拔高度，这些造成了女孩的体力不支。她正好走在斯睿德的前面，突然转过来头来，脸庞苍白如纸，只来得及说一声"斯睿德，帮帮我"，就晕倒在他怀里。

大家把她扶到了吉普车里，并递给她氧气面罩。女孩苏醒过来后，竭力挣扎着向窗外探头，喃喃着："我要看，我要看。"离心心念念的纳木错，只有一步之遥了啊！

可身体再也无法支撑她的念想了，她再次虚脱地倒下去，呼吸困难，连手脚都无法动弹。她的眉头也皱了起来，剧烈的头痛也开始袭击她。

大家根据她的症状，结合了解的一些医学常识判断——这个姑娘患上了肺气肿。高原缺氧、气温偏低的情况下，肺气肿的典型表现及并发症有呼吸困难、胸闷、气急、头痛、嗜睡、发绀、右心衰竭、肝大等等。

她需要的是尽快离开这里，得到妥善的治疗。不然，香魂归纳木错都有可能！

大家有些不知所措。思索了一会儿，斯睿德说："我们只有一辆车，这样，我们三个先抓紧把她送到医院，你们五人留在纳木错。稍后再来接你们。"

他和两个同伴，包括从成都来的薛峥和一位当地的藏族司机，连夜乘车，赶往当雄镇上的医院。

山路颠簸，他们马不停蹄，尽全力在 3 小时赶到了当雄镇医院。说是医院，其实只是一座用砖和泥土搭建起来、只有两个藏族护士在此办公的小房子。这是 2006 年的夏天，他们在高原之上在最短时间内能找到的最好的医疗场所了。

此时的女孩，已经丧失了知觉，完全陷入了昏迷与高烧之中，女孩急速跳动的脉搏和仅为 85% 的血氧量，暗示着她已是命悬一线。

此时，斯睿德竟有个意外的发现——在这个小村子里，他竟能通过全球移动网络使用 SIM 卡从中国打电话到国外。

但很快，他又气愤地嘟哝了起来，他的小电话竟然不能用中文发消息。

他简直要急疯了。如果不能尽快把这个可怜的女孩，送到 166 公里外的拉萨进行治疗，她就会没命了。

急救刻不容缓！这位美国来的热心肠，赶紧带着他的同伴，心急火燎地奔赴拉萨。山高路陡，又逢"拦路水"，他们会不时遭遇路上的"热水湖"，泉水流经之处，热水潺潺。如在平时，他们会围着这景象啧啧称奇，现在却顾不得这些了。他们心急如焚，急匆匆绕开热水湖，奔向能救命的地方。

凌晨三点，一行人终于赶到了拉萨。

拉萨的海拔比纳木错及周围低了1500米左右，再加上拉萨较为完备的医疗设施和诊治技术，女孩转危为安。"1500米的海拔落差，我们竟能够将一个人的生命从死亡的边缘拉回来，这真是令人震惊。"度过这次坎坷的斯睿德，惊魂未定。

想起其余5人还留在纳木错，斯睿德又拜托了医院的保安，跟纳木错景区的民警联系（2006年手机还未普及），辗转联系到这5位同伴，并告知："你们的朋友已经回到拉萨了。"第二天晚上，5位同伴陆续搭乘不同的便车，安然无恙地回到了拉萨。

此次西藏之行历时一个月。旅行留下些许遗憾，因为斯睿德未能见到他向往已久的高原圣湖；但也不是那么遗憾，他帮助了途中的小伙伴，让一个中国女孩化险为夷。"我们是9个人，是一个团队，我们不能失去任何一个，在旅途中我们都很乐于为了她而付出自己。我们在被搞得'四分五裂'之前终于团聚，并在临别时共进了晚餐。"

危急时刻，父亲带他和弟弟去爬山的片段，总会倏地跃过他的脑际，让他无所畏惧。"Fear（恐惧）这种情绪是很奇怪的，有的时候应该恐惧，可我不会恐惧。我在进藏的旅途中，看见很多的中国人害怕大峡谷，不管跟他们怎么解说峡谷的地理成因，他们还是害怕。但面对冒险，大部分的时候我不会恐惧。"

旅途中的斯睿德，就像天地间的一只沙鸥，勇敢又自由。有的人习惯三点一线规律的生活；有的人却生来无法容忍规矩与窠臼。前方有山涧，有桥梁，有清风，有月光。他们执着地迎着这一束束光走去，途中遇见苦难、遇见不平，他便有力气使出一份力气，对方需要温度时便又献出自己的热度。最后他把自己也活成了光。

　　环球旅行和汉字字源网，构成了斯睿德这时最重要的灵魂伴侣，用他的话来说就是，"一边做研究一边玩"。

　　之前，他曾远赴北京、上海，拜访了北京大学、上海师范大学的汉字专家，探讨学问的同时也没耽误玩儿。这次西藏之行后，他还游历了新疆和与其接壤的哈萨克斯坦。

　　他喜欢在旅途中与形形色色的人聊天，了解不同层次、不同维度的人群的生活。他的字典里没有"阳春白雪"与"下里巴人"的区分，五湖四海、三教九流他都能唠上几句。

　　斯睿德越来越觉得——当你接触的人群越为广阔，当你聆听了千奇百怪、纷纭复杂的观点与生存方式，你的心胸和视野也会越来越辽阔，生命的触角也在不期然间延伸。

　　世界不是单纯的黑与白，而是糅合了万千种颜色与情态，丁香紫、藕荷粉、海棠红、松花绿、杨柳青……不一而足。世界的细腻和多元，又岂止于五色呢？正如汉字变化无尽、衍生万千，万事万物也千差万别，等待有心人去发掘。

　　"四十不惑，五十而知天命"，五十有余的斯睿德，喜欢自由自在的天性不变，一闲下来，就打好行囊，开启背包客之行。

　　经过印度的沙漠时，他体验了一把"惊心动魄"，当地的女性联合起来反抗拖欠她们薪水的政府，途经此地的斯睿德，想拍下照片作为记录。几个男人瞅见了这个外国人，齐齐跳起来要殴打他，斯睿德撒开腿逃到一辆大卡车后面，又经一位印度人搭救，才得以脱险。

　　在北京，他上演了一回"智勇擒贼"，一个男人鬼鬼祟祟凑近他，掏出一部手机，企图卖给他："好东西，要不要？""这是不是你偷来的？"斯睿德警觉地提问。男人承认了，斯睿德便要拽着他去派出所。小偷不从，两人扭作一团，打得不可开交。斯睿德拿出小时候对付校园霸凌的劲头，趁其不备狠狠地打了小偷几拳……这番较量的结果是小偷挂了彩,被揍得鼻青脸肿,而斯睿德安然无恙,这令他颇为自豪:"我的年纪比他大几十岁,可我比他强壮。"

行者无疆,几年来,斯睿德的足迹遍及摩洛哥、阿尔及利亚、印度、缅甸、蒙古国、哈萨克斯坦、日本、泰国、中国等。美国对他而言,渐成一个地理意义的祖国。而原本陌生的中国,在他看来,越来越眉眼生动。她有时像一个蓬勃生长的孩子,奔跑着,跳跃着,不惧风雨雷霆;有时,又似一个俊朗的书生,"绣口一吐,便是半个盛唐"。

鼓楼之行:为什么要给轻盈的流云,绑上金子呢?

在斯睿德的印象中,中国人有两大特点:一是待人友善,比如,他去小吃店吃饭时,人们会热心地打量他,问他饺子或面条好不好吃、喜不喜欢;二是高手在民间,民间隐藏了很多想象不到的艺术家。

2006年,在北京鼓楼,他就遇见了一位,这次见闻被他详细记录于《在鼓楼路上的乞女》一文中。

> 我在北京鼓楼路附近散步时,看到"一个狼狈不堪的人"。
>
> 我看到一首在人行道上用粉笔写的很长的诗歌,并且在每两节中间还有一幅画。
>
> 我不擅长阅读古代的唐诗,但这是一首有韵律的现代诗歌,是一首十分优美的、关于家庭、朋友、上帝、命运、爱、恨、生存和死亡的诗。
>
> 我上上下下读了整首诗,走了大概10米,直到我撞上了作者。
>
> 作者是一个只有1米高的女孩。有两条残废的、大约5厘米粗的腿,弯驼着的背。她躺在一张短木板上,木板底下有2.5厘米大小

的轮子。

她有着一张漂亮的脸蛋，一条用黄色发带扎起来的长辫子。

她带着迷人、害羞的笑容，打量着我。

我往她的罐子里放了 100 元钱，坐在她身边开始用汉语和她聊天。

我说那是一首十分优美的诗，问她从哪里抄来的。

她说那是她自己写的。

她非常害羞，也不敢看我，这个时候周围已经聚集了差不多三十几个中国人，他们停下来听我们的谈话。

······

（翻译：Vivian）

汉字叔叔被这个女孩所震撼，深深地被折服。她是一个不能自如地挪动身体的女孩，但又是一位天才的"艺术家"，她的灵气、她的聪慧、她浑金璞玉般的气质，都让他惊叹不已。

但周围也有些人让他觉得不舒服。如一些围观者看这个女孩的目光如同在说"她就是一个乞丐"，因为她衣衫褴褛、流落街头吗？汉字叔叔觉得不能因此评价这个女孩。的确，她看上去是没有什么钱，可这不是唯一的标签与属性。除了"金钱"之外，这个女孩身上的美好，也更多。除了把注意力放在"钱"这个字之外，可以与这个女孩交流的很多很多，关于这首诗歌，关于她怎样爱上写诗，关于她是否还创作了其他诗歌，关于她怎么就能驾驭文字，流畅地表达她的情感，爱、恨、生存与死亡。斯睿德发现自己可以向她学习如何把诗歌写得优美，虽然她是个残疾人，靠乞讨为生，可这丝毫无损于她是个艺术家。

斯睿德不能理解用钱来衡量所有的思维，就像他无法理解一位美国的朋友，一赚到钱，就欢天喜地地把所有钱都存入银行，从不轻易花钱去买东西，或者花钱去旅行。这个朋友热衷的事情是与人比较赚了多少钱，拥有多少资产，这个人从来没有活在当下，而是活在对"未来有一天会老去、会没钱、会死亡"的恐惧中。

"我不知道这样的人生有什么意义。"斯睿德奇怪，为什么要给一朵轻盈的流云绑上沉甸甸的金子，唯恐它不会坠落吗？为什么要恐惧死亡？他就很欣赏庄子，那个天才思想家，他熟读过庄子的文章。《庄子·杂篇·列御寇》中说："庄子将死，弟子欲厚葬之。庄子曰：'吾以天地为棺椁，以日月为连璧，星辰为珠玑，万物为赍送。吾葬具岂不备邪？何以加此！'弟子曰：'吾恐乌鸢之食夫子也。'庄子曰：'在上为乌鸢食，在下为蝼蚁食，夺彼与此，何其偏也！'"

整日杞人忧天，忧心忡忡，死亡的那一天就不会来临么？"人终有一死，这件事我无可奈何，因此又何须为此担心痛苦呢？"同理，把金钱看得那么重，又有什么太大的意义呢？我们吃不了那么多粮食，住不了那么大房子，每一天都用来与自己真心喜欢的事物相处，那才是赏心乐事。

当然，斯睿德并不会因为这些围观者的行为，因为一小部分中国人的言谈举止，就给所有的中国人都贴上标签。所有的中国人都爱钱吗？都重利轻义吗？都一模一样吗？当然不是。那是另一种形式的偏见。

他极其厌烦"贴标签"这种行为，如果有人给他戴上一顶帽子，他是老大不乐意的。全球旅行时，人们与他聊天时常会说："你是一个美国人。"然后空谈一大堆美国人如何如何。对此，他是有意见的。

他的心理活动如下："No！我出生在美国，这是具有偶然性的，我可以移民，我可以住在墨西哥、加拿大，或是中国、法国、阿拉伯某个国家。这不代表我的性格如何、思想如何，这不能框定我的全部。我在美国长大，如果有一个人突袭美国，我会保护它，可我不会去遥远的地方，到别国的地界参加战争。"

他不喜欢被身份"限定"。如有些朋友喜欢问他："会不会用筷子？"这句话本身没有恶意，只是出自朋友们的思维定式："老外用筷子可能不太灵。"

"外国人都会用筷子，这不是特别复杂，但讲汉语是特别复杂的。"斯睿德笑了，他希望这些东方的朋友不要再用这样固定的思维来看待他。另外，他还发现，"这些朋友都以为外国人只吃面包，事实上，我们不是必须吃面包，我们也吃米饭，也吃水饺"。

在中国台湾的时候，人们看见他这么年轻，又是外国人，便会问："你是外国人，你会讲汉语吗？你有多少个兄弟姐妹？"

这让斯睿德有点发窘，在他长大的地方，人们永远不会问别人有没有兄弟姐妹的。

还有一个问题，也是个高频问句："你的爸爸是做什么的？"

斯睿德便会认真地答复："我跟我爸爸没有关系，我是完全独立的，与我爸爸从事什么职业无关。我爸爸经常对我说'不要忘记你是 xx 的后代'，因为我们家族在美国生活了四五百年。可尽管他们是我的祖先，他们跟我都生活在一个星球，我也不会去膜拜。"

"我很年轻时，就做了一个决定——我有我自己的生活，我和我爸爸妈妈的生活不是绑定的。我不是说，他们的生活不好，我只是想活出我自己，我是个独立的生命体、独立的人。"

他坚持让人们不要用他的兄弟姐妹、他的父母来界定他，他是一个独立的人，他有他自己的路，他的轨迹与他人无关。

这时候的他，尚未有机会接触中国的宗族文化。如果有一天，他踏足于中国的祠堂，也许会震惊于那如森林般枝叶繁茂的家族谱系。历史悠久的大家族会将他们能追溯到的所有前辈的名字列入家谱，让后人世代供奉。这是中国人虔诚的"信仰"与"皈依"，很多人会追溯数代、十几代甚至数十代的历史，来探寻自己的根源、自己血脉的源起：祖先与谁喜结连理、他们的孩子是谁、兄弟姐妹几人、治学还是为官……世世代代，如何接续绵延。厚厚的家谱，承载的是村落、宗族、社会乃至民族的历史。

斯睿德不能理解这种传承千年的传统与力量。但也无妨，"若以水济水，谁能食之？若琴瑟之专一，谁能听之？"跨文化交流的可贵可爱之处，在于承认文化的差异性、个体的独特性，不同的思想文化总要碰撞交融，火花四溅。适当的疏离感孕育着特殊的创造性。这种创造性将在某个时刻，突破惯常的体系，弹拨出别样的乐章，恰似"银瓶乍破水浆迸，铁骑突出刀枪鸣"。

第六章

奇妙的逆转——中国网友称他为"汉字叔叔"

一觉醒来，他发现邮箱 "炸"了！

人和人，对彼此的感觉常常是互为镜像的，当斯睿德觉得别人奇怪、不好理解时，别人可能也觉得，对名利毫无兴趣、埋头鼓捣汉字、全世界到处晃荡的他，奇怪之极。

道不同不相为谋。价值观不一样的，很难并辔而行，很难共赏陌上花开、缓缓归去。

2007 年，57 岁的斯睿德，连河道工的工作都失去了。第二任太太也与他渐行渐远。她觉得他不识人间烟火，他觉得她太接地气。南宋豪放派词人辛弃疾说："我见青山多妩媚，料青山见我应如是。"他与她看对方，却是越来越觉陌生、疏远。最后的结果，也只能是就此别离。

华发丛生，羽毛光泽不再，南来北往，老翅能经得起几回寒暑？

再次失去了家庭。这一次，斯睿德依然是淡淡地评说，不带丝毫抱怨："没有什么好怪的。只是我们所追求的东西不一样。"

他追求的是什么呢？

71

"我喜欢"而已。"我喜欢"没有办法估值，没有办法丈量；"我喜欢"本身，就已值得，不需要附加其他的含义。

长长的密西西比河，静静地流淌；看守河道的斯睿德，在汉字的海洋里自在地徜徉。一个人，不执着于自己，不汲汲于功名，这就是庄子所说的"道"。"道在蝼蚁，道在稊稗，道在瓦甓，道在屎溺。"（《庄子·知北游》），也是他，田纳西州的一名河道工，真正乐在其中的"道"啊！

他此时还万万没料到，不久的将来，自己将在遥远的东方，在中国，寻觅到一条光亮的大道，赢得尊重与认同。就好似自然界的昆虫，在惊蛰到来之前沉沉入睡，只待一声春雷震醒，看到的便是冰雪消融，万物萌动，黄鹂鸣唱，桃花灼灼其华了。

2011 年 1 月 13 日，斯睿德一觉醒来，发觉邮箱被"轰炸"了。

他的电子邮箱，一夜之间涌来了 2000 多封邮件。并且这个数量还在持续猛增，每周递增 1000 封。

原本寂寥的汉字字源网，也忽然间访客盈门、热闹非凡，访问量从每天不足 300 飙升到了 15000，最多的一天达到 60 万人次。

发生了什么？斯睿德摸了摸脑袋。

险些运营不下去的网站，这一天"被苹果砸中了脑袋"！

原来，是大洋那边的一位中国网友无意中发现了斯睿德的网站，在微博上发出了感叹：

"这个网站的建设者与运营者叫 Richard Sears。他用 20 年工夫，手工将甲骨文、金文、小篆等字形进行数字化处理，上传网络供所有人免费使用。这就是外国人的'傻'吧。这种国家级工程，怎么能自己一个人弄呢？"

微博博主也许是无心之言，却如同往百尺深潭中投下一颗石子儿，激荡起想象不到的澎湃能量。电子邮件跨越重洋，飞向了斯睿德，微博评论区网友们的留言充满感慨：

"可以很清楚地得知每个汉字的变迁历程，方便而直观，真是造福大众呵！"

"作为一个外国人，却能如此醉心于中国的文字，我被震撼到了！"

"当年学字体设计时，老师推荐的《古汉字网站》，真的好用，真心强大。"

我们身为五千年文明古国的嫡系传人，吟咏着"天地玄黄，宇宙洪荒。日月盈昃，辰宿列张。寒来暑往，秋收冬藏。闰余成岁，律吕调阳……"成长。我们以为这是独属于我们的文化标识。但是有一天，一个外国人出现了，他对中华文化的热爱不亚于我们。怎不让人又惊又喜？

是的，从此，斯睿德有了一个新的称谓，网友们将这位须发皆白、样貌憨厚、戴着黑框眼镜、一脸儒雅的外国老大爷，称之为"汉字叔叔"！很多中国的小学生写信给"汉字叔叔"，说他们以前只是通过书本和课堂，认识和书写汉字。现在却很高兴能通过他的网站，了解到汉字的背后有这些渊源，有这么多有趣的故事。天津电视台《泊客中国》栏目组成员专程飞往他所在的田纳西州诺克斯维尔乡下进行了拍摄，并邀请他到中国拍摄一些其他的镜头。在纪录片《泊客中国》的镜头里，一个小小的乌龟担当了"演员"，含而不露地寓示了"甲骨文"。三千多年前的古人，正是在龟甲与兽骨之上，留下他们对日月星辰、世间万物、日常生活的记忆。正如旁白所说："（这只小小的乌龟）用并不雄伟的脊背，把一个个沉睡的汉字驮过时间的长河。"

就这样，斯睿德"莫名其妙"地出名了，还"火"到了东方。

谁说热爱与投入没有回报？恬淡的墨兰，只能独居南山，寂然开放？

地球始终要遵循能量守恒定律，在这个春天播下的种子，不一定在这个秋天立马得到收获。它要等待秋收冬藏的轮回。它要穿过地火，钻过地心，绕过熔浆，兜兜转转，通过弯弯曲曲的隧道，在地壳另一边探出脑袋来。在另一个时空里，这颗种子听见了回响，找到了和鸣。

"我不想离开中国，有人能帮帮我吗？"

2011 年，将要 62 岁的斯睿德又买了一张单程机票。40 年前，他意气风发地飞向了中国台湾。这次，他的目的地是中国大陆。

2012 年春天，他抵达津门。他登上中国的社交媒体微博，"织"了一条颇具诗意的"围脖"（微博），心中的舒畅与喜悦流露无遗。

> "昨夜，一场大雨为这座拥有 1200 万人口的城市，洗尽了空气中的污浊，春天来了。我站在天塔之巅，纵横于城市之间的道路一览无余。"

他希望能在天津找到一份工作，英语教学或者翻译都行，闲暇时光"浸泡"于纯粹的中文的环境里，"近水楼台先得月，向阳花木易为春"，这样也有更有利于他研究汉字。

为此，他通过微博发出了一条求职信息："我来自美国，现在住在天津南开区，想要兼职教授英语，不限制专业和时间，课程辅导及业务培训均可……"

与 40 年前相比，斯睿德的童心与赤诚依旧。只是，很少有企业愿意聘任一位年过花甲的老人了。

寻寻觅觅，他找到了一份给中学生辅导口语的工作，又给自己租了个 30 平方米的单间，位于天津大学对面，月租 1500 元。从田纳西到天津，陋室依然，一张床、三把椅子、一个书桌，斯睿德却浑不在意，心满意足。他的"大宝贝"陪伴着他就行，那台收藏了 1000 多张家庭照片和海量汉字研究资料的电脑！

他喜欢人情味十足的天津,研究汉字之余,斯睿德常去附近的瑜伽馆练瑜伽,爱光顾住处不远的沙县小吃,来上一碗香味浓郁的"飘香拌面"。他乐于与人打交道的天性,也显露无遗,他与理发师、美容院技师、小吃店店主……都能热络地聊在一处。颇有杜子美的"白日放歌须纵酒,青春作伴好还乡"的爽心惬意!

除了一点——让他心塞不已的签证问题。

他的旅游签证只有 3 个月,时间一到就得离境。斯睿德采取迂回的办法,3 个月离境一次再回来。有一次,他飞到韩国,在仁川机场待了十几分钟,随后又飞回天津。

2012 年 7 月,他面临又一次离境。与相关部门沟通后,确认签证可以延长一个月。但由于文化、沟通上的隔阂,到了办手续时,斯睿德被告知:不能延期,他被要求在 15 日内离境。

2012 年 8 月 1 日,几乎是穷尽一切办法、再也无能为力的斯睿德,黯然地发出了一条微博。他没指望它能改变什么,但潜意识里又觉得,应该跟他中国的朋友们说些什么。他虽然万般无奈地接受了现实,又不愿意悄无声息地离开。

I have to leave China for some visa issues, but I love China and Chinese culture, I want to stay here, what should I do? Can anybody help me?

(我因为签证问题,得离开中国了。但我热爱中国和中华文化。我想留在这儿。我该做些什么呢?有人能帮帮我吗?)

这次离开，是结局还是开始呢？

没有预料到的是，这么一条简简单单的微博，激发出"白雨跳珠乱入船"般的效应。即将离开的他，愁云惨淡，朋友们的支援、网友们热情的建议，却如千百颗洁白的珍珠，从四面八方向他这里汇聚。

首先是他的朋友，颜迪新，在微软工作的数据专家，在其微博上转发"汉字叔叔"即将离开的新闻，并联系了一些媒体记者。

微博内容如下：

> "美国人 Richard Sears，网名'汉字叔叔'，花费全部积蓄和 20 年时间，从事一分钱也赚不到的汉字系统性研究，创办字源网站 https://hanziyuan.net/，他为汉字付出一切，目前贫困潦倒，加上签证到期，面临被迫离开中国的困境。他在天津，希望能找个英语教师或翻译的工作，从而能继续在中国生活和研究汉字。请大家帮忙推荐和转发！"

这条微博获得了 4 万多次的转发。

其他评论仿佛珍珠般的雨点，争先恐后，跳入这条飘摇无依的"小船"。

网友"马江保"说：

> "让我们一起支持@'汉字叔叔'和他创办的汉字字源网。他所投入的毕生精力、时间和金钱，是我们大多数人不能及的，是值得我们学习的好榜样。一个美国友人竟对中国文化有如此深入的研究，并用研究成果免费服务大众，这种奉献精神是何等令人敬佩，让我们一起支持他吧，有钱出钱，有力出力，帮他坚持下去。"

网友"爱啵啵也爱奶茶"说：

"老爷爷，加油！你一定会如愿以偿的！"

有人伸来援手，网友"八千里外贸路"说：

"Hi, Richard. Nice to know you . This is Tom in Tianjin . I want to know how to help you about the Visa, what you need to solve this problem? I own a small company. I don't know if I can issue an employment Visa for you . Anyway, I hope I can help you . Waiting for your reply.（你好，斯睿德。很高兴认识你，我是在天津的汤姆。我想知道怎样能帮助你解决签证问题，你有什么诉求呢？我有一家小公司，不知是否可以给你提供一个工作签证。不论怎样，希望能帮助到你。等你回复。"

网友"希游豚"说：

"您可以去问问南开大学的汉语言文化学院，希望对您有所帮助！"

远在浙江的网友"mission1"说：

"您好！如果您可以接受前往浙江省宁波市工作，并提供关于续签困难的原因，我们或许能够请求市政府协助您解决签证问题。宁波是个海滨城市，位于北回归线附近，四季分明，跟天津一样美。"

关注他的网友，还包括中国的少数民族——彝族同胞，网友"小村屋里"说：

"中国彝族人民向您问候，如果不嫌弃土豆、羊肉等食物，可以到中国彝族人民中来，联系我，我带您认识些不一样的朋友。"

还有人打趣：

"找个中国人结婚，就可以无条件留在中国了哈。"

也有人只是默默地转发了这条微博，感谢他为汉字研究所做的贡献。

斯睿德的这条微博获得了 255 条评论。

斯睿德惊讶地发现了社交媒体的影响力："我最近收到好几百封信。谢谢你们。我想回复全部，可是我必须慢慢地，一个一个回答。请你们原谅我。"

"微博会让没有影响力的人有影响力，"他感慨，"它是一个为没有关系的人提供关系的地方。"

"谢谢你们大家了，没有你们的支持，我真的不知道如何面对这突如其来的变故。说真的，这些天来看我的人，可能比我在美国生活的诺克斯维尔的小镇上的人还多。"

除了建议、邀约和工作机会之外，中国人民还用最直接的方式，表达对这个外国老人的支持，那就是：打钱！从 8 月 1 日斯睿德在微博上发出求助信息到 8 月 11 日，他收到了大数额的捐款，支付宝上共有 1095 个朋友捐款总额达 66646.07 元，贝宝（PayPal）上有 146 个朋友共捐款 3052.49 美元。相比之前汉字字源网捐款者寥寥的局面，这些数字好似滋润枯禾的如酥春雨。

他在自己的微博上公开了这些捐款数字并诚挚道谢：

    "我这些天没有太多时间一一回信。谢谢这些朋友，所以请帮忙转发，希望所有帮助我的人知道，'汉字叔叔'谢谢你。"

2012 年 8 月 15 日，临时离境的斯睿德再次感谢他的朋友们："我已经62 岁了，但好像生命才刚刚开始，在中国，开始找工作、找房子、找关系，这是最奇妙的。马塞尔昨晚和我说起，有一个作家叫北岛，中国人，他有一本书叫作《结局或开始》，这次离开，是结局还是开始呢？真有意思！好了，离开前，非常谢谢你们，再见！"

从天而降的教席！

这是一个开始，一个全新的里程碑。

微博上的火热，让"汉字叔叔"再度成了"红人"。大家都想为这么一个问题找到答案：一个热爱中国文化、不求名利的外国老人，难道不能在中国找到一个栖身之地吗？

以华夏山海之大，如何留不下"汉字叔叔"呢？

一石激起千层浪，多家英语培训机构闻讯向他递来了橄榄枝，天津市某重点中学与他探讨了若干种合作方案，两天之内他在北京接受了五场"面试"，录用通知之多，到了应接不暇的地步。

    "岔路口，你只能选择左边或是右边，不能选中间。工作是选择自由还是选择稳定？这比汉字的问题还难。我很幸运，有两个选项，能供自己选择，我知道很多朋友连一个选项都没有。"

北京的这 5 家单位包括人民网、文化部和联合国驻中国相关机构等。其中，北京师范大学（以下简称"北师大"）系统科学学院吴金闪教授最早发出邀请。吴教授的研究项目与"汉字叔叔"有不谋而合之处，即用系统科学的方法研究汉字演变。

斯睿德应邀前往北师大做一次分享。在那里，他借助投影仪讲述他对"心"的理解。他认为"心"的古体代表人的腹部，而中间的"一点"则代表肚脐眼。这一番另辟蹊径的解说、自成体系的见解，给北师大教授们留下了深刻印象。

而对斯睿德的经历、学科背景早有了解的吴金闪教授，则量体裁衣地为他定制了几套工作方案，其中有一套是邀请斯睿德用英语为北师大系统科学学院的本科生教授物理课程，可谓一举多得，工作、签证和汉字研究，这几件事完美地融合在一起，曾经困扰斯睿德的难题迎刃而解。

"'汉字叔叔'来北师大了"的新闻，在北京师范大学的校园论坛"蛋蛋网"上掀起了一阵小热潮。"好高兴，好想见一见他噢！""求引荐……非常佩服他的啊，还曾经幻想给他当助手的同学说，没想到天涯咫尺。""见过一次，当时不知道他就是'汉字叔叔'。"

原本冷僻的物理课，因为他的到来，让同学们有了选课的冲动，"想去见见这个叔叔，我与汉字有个约会"。

北师大的纳才之心、求贤之渴是毋庸置疑的，不但接受了"汉字叔叔"，专门为其开设了课程，每周讲两节课，每月工资4200元；还在英东楼二层系统科学学院为他配备了一间办公室，另提供了一套两室一厅的专家公寓。

对这种惊人的境遇逆转，斯睿德喜出望外。这个工作机会让他终于有机会留在心驰神往的中国。他向粉丝们吐露心声：

> 你们会问我这辈子到底想待在什么地方。我还真没有想过，我今年才62岁，我最多做提前一年的打算。也许我只能活到明天，也许我能活到100岁，如果是那样的话说不定我想学习阿拉伯语。目前来说，我只想留在中国。

他喜欢中国的麻酱拌面，在韩国中转时，他曾经吃过韩国的食品，"在韩国，食物非常贵，比美国的贵两倍，比中国的贵四倍。我会很高兴回中国吃麻酱拌面"。

他也吐槽过美国的移民局："我在师范大学的同事最近要去美国参加活动，他很用功，但是美国移民局不给他签证，我觉得我们都是世界公民，大家都应该有权利随便去旅行。"

只有回到中国，他觉得一下子舒展开来。"我回到中国，精神会比较好。"

时年 62 岁的斯睿德坦言。他喜欢这个制度严格又不失人情味的国度，不知何时何处，就蹦出个奇迹与惊喜。他喜欢在这里元气满满的自己，"老夫聊发少年狂"，青春的中国，青春的自己。

他漂泊了一辈子、寻找了一辈子，试图找寻那些能真正触动他的元素，而现在，在这里，他好像找到了，像陶渊明挂冠而去，采菊东篱下，悠然见南山，寻回了丢失已久的自在；又像东坡居士被朝廷贬谪，远赴蛮荒，在海南觅到了味道绝美的生蚝。"生命最大的奇迹在于，尽管我们知道明天我们就会死去，但是今天我们仍然可以像我们将永远活下去那样而生活。"斯睿德感叹。

在北师大的校园生活，是斯睿德生命中难得的一段宁静的时光。他生平头一遭在高校里授课，这使他得以客观地观察中美公立大学之间的不同。

他的物理课，有一个新班，进了 44 名新生，包括 37 个女孩和 7 个男孩。学生的居住环境令斯睿德觉得不可思议，"他们全都住在校园的学生宿舍里，8 个女孩住一个房间，6 个男孩住一个房间"。

然而，让斯睿德动容的是，拥挤、艰苦的求学环境映衬出来的学生们的坚毅品格及奉献精神。一方面，中国的大学生惜时如金，舍不得花时间去校外打工，他们夜以继日地苦读；另一方面，他们又毫不吝惜地投入大量的时间担当志愿者，愿意把漫长的寒暑假时光投入为公众服务的工作，哪怕没有任何物质上的回报。这些学生们常说："不要问你的国家能为你做什么。要问你们能为国家做些什么。"

"大道之行也，天下为公。""捐躯赴国难，视死忽如归。""但得众生皆得饱，不辞羸病卧残阳。"自春秋、魏晋、两宋到现代，为国家献出自己的青春和热忱，是历代知识分子坚定不移、深入骨髓的信念。前赴后继，生生不息。

看着这些朝气蓬勃的学子们，"汉字叔叔"若有所悟——如果你要了解中国、了解中国人，洞悉这个民族岿然不倒的秘密，从此处可见端倪。

同学们的言语与表现，让斯睿德受到了不小的震撼。他喜欢学生来他的办公室，交流物理学知识；也喜欢同学们与他谈论他们先辈的故事。他在这群求知若饥、虚心若愚的年轻人身上，仿佛看见了自己的青春（当然，也有些不同）在这些葳葳蕤蕤的小树身上，明晃晃地盛放。

师生们快意的交流，不拘形迹，上课的方式也不拘一格。2015 年的某个周末，斯睿德就给北师大学生上了一节"最不可思议"的物理课！

那天，他的课被安排在周六上午进行。可开课没多久，就得到教务通知："这间教室，今天要用于考试，得请你们换个地方上课了。"

一脸懵的斯睿德急得满校园里转悠，临时找一间教室谈何容易？眼看无果，3/4 的学生无奈地走掉，只剩 1/4 的学生仍安静地等待着他。孔子弟子三千，可陪孔子千辛万苦、周游列国的，却只有子路、冉有、子贡、公良孺数人而已。看着这群仍"追随"自己的学子们，斯睿德胸中热浪涌动："我们有两个解决方案，要么，现在就下课；要么，一起去餐厅上课！"

让他万万没想到的是，机智的同学们居然给出了第三个方案："老师，我们一起出去，到露天校园里去上课吧！"

孔子曾与弟子子路、冉有、公西华、曾点讨论过人生志趣。曾点的回答是，"暮春者，春服既成，冠者五六人，童子六七人，浴乎沂，风乎舞雩，咏而归"。春风里，五六个成年人、六七个稚气的小孩子，在沂水中洗澡，自由自在地吹风、歌唱，构成了一幅明朗隽永的图画。师者传道授业，徒弟畅所欲言，斯睿德与弟子们，那天在北师大校园里，也徜徉于这种快乐之中！只有一点点差异：他和北师大的同学们身处北风吹地百草折的冬天，而非卉木萋萋、采蘩祁祁的春天！但心中的温暖惬意毫无二致。

师生们从"粒子物理标准模型"到"暗物质粒子探测卫星"，思接千载，视通万里，神游四海八荒，此乐无极。"这群学生里也许会诞生21世纪顶级的物理学家。"一想到这里，斯睿德忘却了周身的寒冷。

这是他最难忘的一节课。

学生们对这位物理学老师，也有着强烈的好奇心。"汉字叔叔"是个与众不同的"教授"，除了讲授物理课，他还会冷不丁地问起某个汉字的起源，或展示简单的甲骨文。这时80%的学生会悄悄问自己："这是什么？我是不是走错了片场？"

课堂之外，同学们想一探究竟的是"汉字叔叔"的传奇经历及其背后的动力。

一天，当斯睿德在学校做完一场演讲后，一个学生陪他走回公寓并向他求教："斯睿德先生，这个时代，要坚持一件事情很难，你是如何能对汉字研究保持如此长久的兴趣的？"

思索了一会儿，斯睿德面色沉静地告诉这位年轻的朋友："60年来，我一直按我喜欢的方式生活，无论有多少钱。20年来，我的汉字字源研究没得到太多人认可，但只要我手中有本书，头上有房顶，我就很开心。我试着告诉人们——做你想做的，别想回报；如果得到了回报，保持感恩。"

第七章

汉字研究流派之争

理工男斯睿德，开辟的是与众不同的阡陌

之前研究的是物理，后来研究汉字，在斯睿德身上，这种反差不意味着割裂与分离。通常，人们从事汉字研究，容易基于单一学科思维，从文化、传承、文字等方面来完成解析。理工男斯睿德，则用数据化的方法，用他自己特有的思维进行解构。数据库背后，映射的是其系统性的剖析方法。看似与物理分了手，告了别，实则是纵身到另一个碧波荡漾、锦鳞游泳的天地，实现了跨界与融合。喜欢一件事物，就投入全部，让它成为这个阶段，生命中最重要的一件事。"我希望的是自由，想学什么就学什么的自由。"

五柳先生（陶渊明）在《饮酒》（其五）中悠然写道：

> 结庐在人境，而无车马喧。
>
> 问君何能尔？心远地自偏。

斯睿德对此很有共鸣。即使身处熙来攘往、川流不息的首都北京，身边

环绕着一群青春少年，斯睿德还是有意识地为自己留了一块僻静的"园地"，他为这块园地浇水、施肥，默默躬耕，开辟着与众不同的阡陌。

实话实说，斯睿德的汉字研读体系，与传统的枝繁叶茂、根基深厚的学派截然不同。他邮箱收到的上万封来信里，没有一封来自正统的、权威专家。"那些所谓的'大家'，都不正眼瞧他一眼。"斯睿德曾经的助理惠子在接受媒体记者采访时，曾这样描述这种境况。

或许，在汉字研究里没有"少林"和"武当"，谁是正宗的流派、谁代表了绝对的正确，都无一定论。在学术研究领域里，不同的人拥有不同的见地，应该被允许。学科背景不一样、知识积淀不一样、国籍不一样，不妨碍大家对该领域提出自己独出机杼的想法。创新不论"出身"，对事物的研究，应如百瑞谷的植被，兰桂梧桐，花影缤纷，竞吐芳华。

斯睿德时常会收到一些批评和质疑。对此，他是这样回应的："我感谢大家认真审阅。我热爱汉字分析，我是边学边述边求大家指正。我不是中国的专家，我是热爱汉字的专家。我虔诚地向专家学习。关于许慎，他很了不起，我很敬重他，但很遗憾许慎没有看到甲骨文，也许也没看到金文。譬如他没有看到'元'的甲骨文是'二（上）'+'人（男人）'，元下面的部件不是'儿'。"

"汉字叔叔"在研究汉字时，引入了天文学。他分析"冬"字时，会把"冬"与南回归线联系起来。他一直在思考，古代中国人在冬天如何生活。古代的中国人，由于条件和时代所限，有些方面兴许是不足的，不懂得细菌，不懂得电，可他们的天文学知识与世界上其他民族相比都是毫不逊色的，张衡发明地动仪，一行测定子午线，都证明了古代中国人天文知识的先进性。

在斯睿德看来，甲骨文中记载的"春""夏""秋"等字的形态结构，就蕴含了古人对天文的认识。"例如'夏天'的'夏'：我觉得古代的中国人不相信上帝，他们相信神，每一个古代的人，都相信太阳是一个神，月亮是一个神，星星也是一个个小神，所以'夏天'的'夏'就是拜天拜月拜太阳。'秋天'的'秋'不是直接跟天文学有关系，但跟秋天的植物有关系。'春天'的

'春'也是一样，跟太阳有关系。'黄色'的'黄'也是我分析的。'黄色'的'黄'跟'皇帝'的'皇'，我觉得是有关系的。'皇帝'的'皇'是由一个加了一撇的'日'和一个'王'组成，因为黄道就是太阳道。"

斯睿德研究汉字，致力于考察、发掘、比较汉字在不同历史时期的不同形态，从而梳理出汉字演变的脉络。如果把传统的"象形字""形声字""会意字"作为纬线，那么，他的研究方法是从经线入手，串联起远古时代汉字与万事万物的关联，从而对这个"字"的内涵外延达成更深刻的了解。用这样的方法学汉字，于他，不再是佶屈聱牙、枯燥费解的痛苦旅程，而是惊喜不断的考古现场与逶迤起伏的历险。王维说，"君问穷通理，渔歌入浦深"，他也是由此找到了"穷""通"之道，从此畅游江浦之乐了。

那么，要考究汉字与万物的关系，中华五千年历史，是不是也得研究？浩浩荡荡、洋洋洒洒的文学史，是不是也得涉猎？此外，是否还得了解很多的上古神话和传说，如《山海经》《淮南子》与《搜神记》？

对上述问题，斯睿德持有的观点，有些惊世骇俗："最早期的古代汉字，五千年以前就有了，那个时候儒教还没有诞生，因此，儒教相关的要'舍去'；那个时候也还没有道教，所以道教相关的也要'舍去'；同理，佛教相关的也要'舍去'……八卦和易经，跟汉字没有关系，这些在做汉字研究时，也都要'舍去'。我们要读历史、考古学方面的知识，要回顾、对照五千年前中国人民的日常生活。"

了解古人的日常生活，从何入手？在斯睿德看来，大部分的历史其实也不等于汉字史。如研究汉字，不等于逐字逐句研究孔子说过的话、用过的字。他比较过孔子生活的年代与汉字衍生的历史。孔子生活于距今 2500 年前，而最早的汉字，在那几千年前就已诞生。

"'春天'的'春'，在最早的象形文字中，跟孔子是没有关系的，后来慢慢演变成为今天的'春'。'黄色'的'黄'最开始时跟孔子没有关系，慢慢演变到今天的'黄'。它们都是从古代的象形文字一步步演变而来，与'圣贤的话'没什么关系。

我们也要看到，文字的意思，可能随着时代的变化，孔子的时代，其他的不同的时代，逐步发生了演变，注入了新的内涵，如'报仇'的'报'字。再如'闪电'的'电'，古人只是用它来描述'闪电'这个奇异的自然现象，但随着近代科学的发展，人们慢慢地知道有静电、直流电、电脑，'电'的含义也会随之而发生改变，将'交流电、直流电、静电'包括其中。"

在斯睿德看来，5000年前的文字，与孔子无关，也不具备现当代的物理学、化学等科学内涵，而是古人面对当时的社会现象和自然现象，用图画、文字的形式所做的一种记录。

文字既然承载了记录社会和时代变迁的功能，那么在不同时期出现的文字，可能跟甲骨文既有联系，又不是完全对等的，甲骨文并不能囊括后边所有不断出现的、新的汉字形态，汉字浩瀚汪洋，它的演变不断奔腾向前，不舍昼夜。如春秋战国时，各诸侯国都有自己的文字，而秦始皇在统一六国后，统一了文字，以小篆作为全国通行文字。其他形态的文字在漫漫的历史长河中，逐渐成为支流，慢慢地被边缘化了。

从这个维度上，也能诠释汉字何以是一种富有生命力的文字，它是常为新的。

站在历史的江畔，看千百年来数以万计的汉字闪耀着粼粼波光，顺流而下。遥想当年的古人，不知是否也怀抱同样的感喟？谁见证了在龟甲与兽骨上，刻划为记、刀削斧凿、摹写苍茫的年代？这一轮不老的明月，世世代代，穿花弄影，低回婉转，又不知照耀过多少后来人？秦人在我们眼中已是古人，但甲骨文对秦人来说也是上古文字，汉字就是这样不断地衍生、不断地被创造，春水漫漫，秋水潺潺，生生不息。

与西方的英语是表音文字不同，汉字从诞生伊始，"象形"便是主要造字方法之一，最开始更像图画。涛生云灭，星辰起落，不同朝代、不同历史时期的人，会用他们自己的方法做记录，有传承，也有区分。

眼下的网络时代，一些新的"汉字"又潜滋暗长，虽然无法在绝对数量上与"老祖宗"们匹敌，但谁又知晓，它们会不会是代表未来的生力军？会不会在千百年后，成为那个时代的语言学家、考古学家潜心研究的对象？

用这样的方法"解析"汉字，"聆听"汉字，与汉字做朋友，想想它的筋脉如何成长，往古来今如何变幻模样……汉字就鲜活了，有趣了！

斯睿德对汉字的研究和对汉字的联想力飞到天际去，他又有一套严密的自研逻辑作为支撑，自成一派，自圆其说。

比如汉字"铀"。铀（Uranium）在1789年由德国化学家马丁·海因里希·克拉普罗特（Martin Heinrich Klaproth）发现，是自然界存在的最重的金属。

斯睿德对"铀"字的解读，遵循了"铀"的前世今生："这就是一个新的字，由'金'字旁＋'由'字构成。'金'字旁，古已有之，是最早的象形文字之一；'由'字也早已存。可'铀'这个字却是几十年之前才有的。'铀'在二战中的运用使这个元素得到了空前的重视，中国人便结合了它的性质和它的化学符号"U"的谐音，创造了这个汉字。"

又如"习"字，在斯睿德看来，"习"字恰如小鸟练习飞翔、翅膀上下翻飞的姿态。孔子在《论语》中也有一句话——"学而时习之"，这里的"习"多被后世翻译成"温习"或者是说"复习"，后人阐释的寓意与古文字刚开始的寓意相比，已经发展、延伸了。

再如"扫帚"的"帚"字。斯睿德比较过甲骨文和小篆，"帚"的甲骨文形态，是一把扫帚的样子，但到了小篆中，它的上半部分便是个"手"的模样了。使用篆文的人，是那些生活在战国时代或秦朝的人，他可能以为"帚"就是一只手在拿着一把扫帚扫地。实际上，"帚"本身就是指代扫帚的样子。

"这是个比较直接的例子——随着时代的发展，原本的字形被赋予了很多新的含义。"斯睿德认为，在解读字源的时候，不能把类似"小篆"的思维投射到"甲骨文"的年代去进行解读，不能刻舟求剑，也不能用"今天的尺子"度量古人。解读汉字也是一门"科学"，世易时移，研究方法也要随之而变。

研究汉字，还需要"跨界"思维，很多情况下，为了了解某个汉字，还需要了解一下与之相关的文学、历史、民俗方面的知识。斯睿德就饶有兴致地发现，很多古代的汉字，都带"示"字旁，他得出一个推论："也许，是因为古代的祭祀活动特别多，很多的字都跟祭祀有关？"

> "如神旁边的这个'示'字旁，就是一个祭台的样子。无论是在古代中国的各个朝代，还是在古埃及，全世界的祭祀文化是相通的。再如'玉'这个字，看上去是'王'字加了一个点，但它在甲骨文中是这样写的，与周朝祭祀时使用的'琮'有关，王字旁加一个'宗教'的'宗'。很多字都与祭祀，与祈求得到神明的保佑，是有关系的。"

> "我们再来看'牢'字，从字形上，是一头牛，被'压'在一座监狱里边。所以这个含义就是监牢的'牢'。我觉得这样的阐释，已让大家能理解'牢'字的意思了。可'牢'字在古代，也与祭祀有关，是一种祭祀的方法，这是字义的一个延伸。至于祭祀时需要几头'牛'，对此，我认为不用特别在意。每个汉字都很复杂，我的目标是要说一个汉字的基本逻辑，而不是长篇累牍地上一堂课、写一本书。我想理解的，是它的象形文字是什么意思，又跟现在的文字有什么关系。"

是非之争

斯睿德坦承，他会尽量去了解一个汉字的来龙去脉，但的确做不到像中国的史学家和语言学家那么详尽。对相关的历史细节，他可能有一个基本的认识，却难以那么精细入微。如一些语言学相关论文，在阐释某个汉字时，会涵盖当时的时代背景，细致到"大牢就是牛，小牢就是羊"，斯睿德尚未掌握得如此翔实。一场祭祀中，需要献祭几头牛、几只羊，他也并不了然。

这导致"汉字叔叔"的研究，遭遇了一些批评的声音。复旦大学一位从事古文字研究的教授就表示："汉字字源网网站从学理上来看，存在很多不科学的地方。网站里汉字的排列多是杂乱无章的，并不能由这些排列看出文字的演变时代的先后，而斯睿德所参考的古书本身也存在不少错误。"

斯睿德尝试着联系过学术界，北京、上海、中国香港、中国台湾等地研究甲骨文的教授，他都一一联系过，但除了李孝定先生，他与其他人基本上话不投机。

面对批评，他采取了坦然面对的方式：

> "我的重点不是研究甲骨文的历史，这的确也不是我的专长。我就是想知道这个字是怎么来的。作为一个外国人，在学汉字的时候，我遇到了这些令自己百思不得其解的问题，所以，想尽办法，穷根究底，找到了用'字源'学习汉字的方法。我觉得这个方法很好，也许其他外国人和小朋友在学习汉字的时候也会遇到和我一样的困惑，所以想向大家做一个推荐，起到普及用'字源'学习汉字的作用。"

"'汉字叔叔'的研究是否属于民科范畴？"互联网上，"汉字叔叔"引发了一个新的文化话题。大家的争论颇为激烈，针锋相对，言辞犀利，一派认为"汉字叔叔"的研究是"旁门左道"，一个外国人，中文都说不利索，就分析汉字的起源，是贻笑大方；另一派则认为，学无定法，诗无达诂，汉字研究不是属于"名门正派"的专利，不同的人各抒己见，百家争鸣，更能体现学术精神，契合治学之道。

有很多力挺"汉字叔叔"的：

西方的学术研究都是这样的，先从兴趣开始，然后慢慢地专业化。不像中国，往往是国家资助，所以少了一份艰辛。专家们可以帮助他不断地完善这个网站啊！不必总是批评。另外，学术也要大众化，拓宽基础才能更好地发展。我们应当很好地思考学术与大众的关系。——网友 潇潇斑马鸣

此时，我们需要民间人士进入传统文化阵地，虽然绝大部分民间人士还是从几千年的文化视域，来研究中华文化和古文字，但从这些庞大的民间人士中，会产生少数的人，突然发现古文字的其他内涵空间。其主要原因是，这些人并没有经历过严格的成见训练，也没有教授专家的意识在上，只是自然地顺着生命的开发而进入先祖的生命世界，从而发现祖先的文字用意，一个沉睡几千年的中华世界，那个多元自然的丰富生命世界。

"汉字叔叔"，帮助很多华人走上文字觉醒之路，希望他能在未来，走入一个更加丰富的、更有潜力的汉文字传播世界。——网友 钟华

如果说他研究这些是为了从中渔利，应该没有人会相信，毕竟这些对于一个外国人来说太过冷僻了，即使在中国也没有多大的市场，那么支撑他的是什么？

我相信是热爱。

如果这些研究是他的乐趣所在，又没有妨碍到别人，那么我们在这里替他计算投入产出还有什么意义呢？恳请大家有时间去关注一下"汉字叔叔"的微博，不知道大家能感受到什么，反正我看到

的是忙碌和乐在其中。

我相信包括我在内很多人对这种状态是羡慕的,我们一天天要么浑浑噩噩,要么为稻粱谋,有多久没有这么充实而快乐了? 这实在是这个浮躁社会所缺少的,值得大大地褒扬。——网友 Tianle

他为什么能走到今天? 因为"他相信"!

李子是"汉字叔叔"的助理,2016 年春节与他相识,至今已有 7 年。"汉字叔叔"给了她一个亲切的昵称——"李子"。

在李子看来,"他为什么能够走到今天? 一个很重要的原因是他'相信'。他相信别人,他相信每一个汉字都是有一个解释的。我在帮助他进行资料梳理的时候,他经常跟我说,有些汉字没有解释,学界也没有定论,那咱们就不要乱讲,不要给出解释。他希望找到每一个汉字背后的解释,如果目前还没有找到,那也要给出现阶段的最好的一个解释。而且,所有的简体字,他也都想尽办法、寻根溯源,以求清楚明白"。

对待学术界,斯睿德的态度也逐步发生了改变,他意识到,"如果要得到同行认可的话,那我的网站是不可能有的"。

通常得到同行认可在学术界是必须的,否则,无法立足,而斯睿德明白,自己要走的,是一条少有人走的路,"古人之观于天地、山川、草木、虫鱼、鸟兽,往往有得,以其求思之深而无不在也"(王安石《游褒禅山记》)。如果想要踏足人迹罕至的地带,如果想要看到瑰怪奇特的美景,就要做好准备,迎接孤独、冷遇与嘲笑。他宁愿将自己剥离于学术圈之外,他想对汉字给出他认为合理的解释。

除了尽心完成在北师大的教学任务之外(他在大学时学习的是高能物理,在北师大开设的课程是普通物理),斯睿德将闲暇的全部时光投入到网站的建设中来。让斯睿德自得的第一点是自己的字源网在文化传播上的便捷："我的网站采取的是中英对照的方式，不管是美国人、欧洲人、加拿大人……都可以通过这个网站，欣赏到汉字的不同形态、一览汉字的历史。"

让斯睿德颇为自得的第二点，是他将人工智能的技术融入网站的建设中来，这一点在当时很超前（时值 2011 年前后，对绝大多数人来说，"AI"这个概念仿佛来自外星），"我们来做一个模拟'游戏'，如果你要找的字读音与'马'相同，即读作'ma'，那么，点击声旁部分的图标就可以查到所有发音为'ma'的字；如果你想看见从古至今所有'马'字的古体字形，那么，点击旁边表意部分的图标，就可以看到。这应该是一个首创，目前我没看到别的网站采用了这种技术和分类的方法"。

他希望借助人工智能的分析方法，做一个独一无二的网站，至于是不是人人拍手叫好、绝对权威，他倒不是太在意。他讲"冬天"的"冬"，把"冬"天与南回归线连接起来，这种说法是独创；再讲"石头"的"石"，通常的说法是这个字形酷似山崖上的石头落下来的样子，斯睿德认为"石"的字形来自石器，这也是独创。

学界对他的"独创"和"异想天开"多以为谬矣！有一位大学老师就直言不讳："你这个解释太大胆了，不行的！"对此，斯睿德淡然地回应："有很多老师都没看过《说文解字》这本书，没有认真研读过原书稿；也有些老师虽然拥有语言学方面的博士学位，但拥有的相关知识却不多。"

即使来到了心心念念的中国，来到了汉字的"摇篮"与"富矿"，在很长一段时间内，孤单与匮乏依然如影随形。斯睿德的网站所采用的工具书多为老旧版本，他希望获得新的版本来勘误，《新金文编》是他梦寐以求的，可这套书需花费 2000—3000 元，给他不小的经济压力。他尝试与出版社联系，希望获得电子版本，却未能得到授权，对方称"这涉及电子版权"。

虽然频频碰壁，但他没有因此而气馁。"不积跬步，无以至千里；不积小流，无以成江海。"能推进"跬步"就推进"跬步"，愚公移山需要"子子孙孙无穷匮也"的精神！他就慢慢地、默默地移动那座"山"好了。

"这位白胡子外国老爷爷一定很有钱！"

惠子是斯睿德在中国的第一任助手，也是一个勇敢的志愿者，她来自万石涵翠、鼓浪洞天的厦门，在媒体上读到过"汉字叔叔"的故事。2013年春天来北师大进修"国学"班时，惠子第一次见到斯睿德本人。

"也许我可以帮帮他！"惠子请缨担任了"汉字叔叔"的助理，协助他处理与外界的关系，如媒体采访、邮件往来等。

走近这位声名在外的传奇老人，她蓦然发现，他的生活远不像外界想象的那么光鲜——"很有钱！退休之后无聊，才玩玩汉字作为消遣"。连她那个"85后"的女儿，都如此想象这位白发、白胡子、神似肯德基上校的外国爷爷。

"其实他过得很拮据。"提起下面这个细节，惠子就心酸：她第一次去斯睿德的住处拜访。一推门，一件"异样"的事物映入眼帘——一床棉花胎孤零零地摆在床上，连被套都没有，最俭省的人家也不过如此吧？

她又是惊讶，又是心酸。交流后才得知，年薪到手之后，斯睿德只留下6个月的生活费，剩余的钱，全用来雇用助手。一个大学生助手，日薪是100元，薪资不菲，但"汉字叔叔"确实迫切地需要一位助手来协助他处理琐事，以便把精力倾注于对汉字的解析上。

更让惠子担忧的，是当时年过花甲的"汉字叔叔"的身体。

在他的心脏里，有好几个支架*，负荷不起大喜大乐大悲大怒的情绪起伏，可"汉字叔叔"却是个性情中人，兴之所至，常常手舞足蹈，对汉字的"破译"就能让他歌之乐之，热血如沸。他常常得靠药物在虚弱的身体和繁重的研究之

---

* 自第一次心脏病手术后，斯睿德的心脏病多次复发。到2021年7月，他身上装有一个四重旁路和五个心脏支架。

间维系平衡，他吃药论"把"而不是论"颗"，令人惊讶。

由于是外籍人士，斯睿德不能享有中国的医保待遇，求医问药均需自费，因此他不敢轻易去医院就诊。但病魔不会就此轻饶，有一次，老人掉了一颗牙，一番治疗下来，账单到达 10000 元，多亏惠子反复跟医院求情："他是'汉字叔叔'啊！"医院听了他不折不挠的故事后，叹息一声，为他减免了 1000 元。

"折戟沉沙铁未销"，生活的艰涩不减这位老人赤子般的心性。斯睿德请来北师大中文系的两名学生，帮助他将网站上的古汉字悉数勘正了一遍。他还计划投入更多的时间，解析 8000 个汉字，用英文阐释给全世界的汉字迷……

对汉字，他是不惜投入；对于时间，他就很"吝啬"了。这个原本喜欢中餐，喜欢香喷喷的拌面、热腾腾的饺子的老人，改变了他的饮食习惯，尽量在家里吃饭，而不去餐馆，他说："那样太浪费时间了！"

时不我待，他只争朝夕地与汉字相伴。电影《暮光之城》里有这样一句台词："I love three things in the world. The sun, the moon and you. Sun for morning, moon for night, and you forever."。这句台词被译为"浮世三千，吾爱有三，日、月与卿。日为朝，月为暮，卿为朝朝暮暮"。汉字就是他的"卿"，是他"无法自拔"的朝朝暮暮。

"你骗的人是'汉字叔叔'！"

朝朝暮暮，日出而作，日落不息，中国古人的劳作精神，他是亲身体会到了。斯睿德的好奇心天马行空，思绪无极，与朋友们聚会聊天时，他总爱乐呵呵地问些"上古"的事儿，不把大家"放倒"不罢休，如下面这个：

"如果你们穿越回五千年前中国古人的房屋，会看到什么？"

"陶罐！"

"土炕！"

"炭火！"

谁也没见过，没考证过，大着胆子回答。

而斯睿德的答案是"纺锤"。他统计了他的汉字数据库，大概四分之一的汉字，与纺线、织布、衣物有关。"通过古汉字，我们能观察到古人是怎样生活的，或许，还能推测出，古人是如何思考的。"

朋友们无不拜服！

随着他的名气越来越大，想要采访他的媒体越来越多，登门求合作的机构也越来越多，他有些应接不暇。接受完一些媒体采访，斯睿德会"嘀咕"几句："他们能不能不关注我的'穷'，而是更关注我的汉字？"也有一些求合作的公司，良莠难辨。有家基金会在看到湖南卫视的《汉语桥》节目后，许诺资助斯睿德，可轰轰烈烈的媒体宣传过后，再无下文。另一些公司一番打探后，也放弃了合作计划，他们想要赚的是快钱，是借"汉字叔叔"的名气弄出点"动静"、整出点"名堂"，这与斯睿德的初心南辕北辙。

起初，斯睿德并不明白这些"弯弯绕绕"，但经历得多了，他也只能耸耸肩："我不太明白这些事儿。"

有一次，他憨憨地买回一台电脑，惠子发现，这电脑价格比市价多了7500元！她将这件事发布到了"汉字叔叔"的微博上：

> 刚才一位好心朋友告诉我，说我昨天买的那台电脑实际上网购最多只有 1.2 万，就是说昨天某卖场的李先生多收我 7500？是这样吗？这么狠心。他当时知道我是"汉字叔叔"，对我非常客气非常好，我一进门就被他领到某卖场，就没有看别的。
>
> 我不想再有心脏病发生 ……

至少 200 名网友闻讯而来，对那个电脑商发起了"进攻"。

"你骗的人是'汉字叔叔'！"大家众口一词。是一个清贫的、患有严重的心脏疾病、对汉字情有独钟的老人。

耍心眼的电脑商扛不过一波波攻势，只得把多收的钱退给斯睿德。

诸如此类的事件频频发生，惠子给他提了套方案："一、你出门别买东西，除非有人陪同，帮你讨价还价！二、我在你身上贴张纸，写上'他是汉字叔叔，他真没有钱'！"

这样可以降低挨宰的机率吧？

惠子的全名是姜礼惠子。2014 年 3 月，古汉字书法家李振兴专门为"汉字叔叔"和惠子，题写了两款书法作品，并寄给他们。斯睿德欣喜万分地在博客上，"晒"出了这份礼物，并请网友们猜猜看，书法家写的是啥？

这可难倒了一众网友，甲骨文？篆书？行书？

"'汉字叔叔'好？"

"汉字起源网？"

"研究了半天，上面几个字'汉字——与祝福一说'，不知道对不对。有三个字完全看不出来。"

大家一气儿瞎猜。

后来，是书法家本人出来释了疑：

　　"汉字叔叔"为向世界热爱汉字的人们提供方便，竭尽毕生财力与精力，无私创建汉字字源网，弘扬中华汉字文明，便于人们了解学习汉字本相释义，正本清源，是中国当代的白求恩，是人类文明的使者，特篆书"汉字起源网"，以示敬意！

　　惠子是国学汉字本相释义专业博士生，是他的追随者，传承弘扬人类文明的倡导者，特篆书题惠子编著《汉字本相与神话传说》书名，以示敬意！

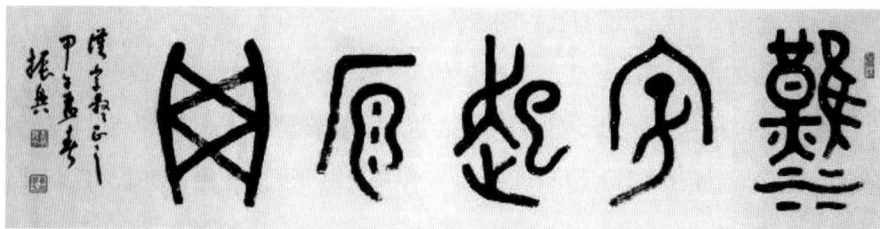

图为李振兴为斯睿德赠送的篆书

给太阳村的孩子带去阳光

古木苍苍,烟霞掩映。月光如水,花树成荫。如果你心有所向并矢志不渝,这一路总能找到几个朋友,如阳光般辉映彼此。斯睿德很喜欢中国,很喜欢这儿的志愿者朋友,他们热烈、富有激情,甘愿为了某项远大的理想奉献自我。"青山一道同云雨",与他们一起去做志愿者,也让他真正体会到"明月何曾是两乡"了。

2014年3月,斯睿德与他的志愿者朋友们一起去了北京郊区的孤儿院——太阳村。他们想帮助那里的孤儿。

这个孤儿院,大约有100多个孤儿,但是却有大约500个志愿者。中国真的这么做了,做了很多慈善义务工作。这要比美国多。美国人一大半是在忙某党的事情,因为这个党派的座右铭是"自私是一种美德"。

孤儿院里的孤儿们年龄从2岁至17岁不等。他们不知道自己的父母是谁,因为他们父母大多在监狱服刑或者已经永远离开世界……我们在去之前,购买了很多孩子可能需要或喜欢的东西。我们到达的时候,已经有很多志愿者在那里服务了。

　　志愿者大多是帮助孤儿做各种需要做的事情，还有的帮助做几百人一起吃的午餐。志愿者们做好午餐，再自己花钱购买午餐。每人至少要支付人民币 50 元，也有多支付的。我和丽莎他们也是帮助孤儿们洗菜做饭。大约 100 多名志愿者还带来了铁锹，挖掘出一个很大的池塘，可能是要为孤儿们饲养今后可以食用的鱼虾。

　　斯睿德记下他的太阳村之行。在为这些志愿者感叹不已的同时，情不自禁地联想起遥远的家乡的人们。在斯睿德的童年，身边很多人是积极热衷于慈善的，遗憾的是，他们后来改变了初心。

第八章

人生如逆旅，亦如逍遥游

一切好像又回到了三年前

幸福像夏天里的一场雨，来得痛痛快快，涤荡了尘埃，清除了燥热，可它走的时候，也是利利落落的，挥挥袖子，不留下一片云朵。雨过天晴，你得四处张望，找一块浓荫。

"汉字叔叔"是 2012 年 9 月与北师大签的约，为期三年，到 2015 年 8 月，合约自然终止了。他没有博士学位，按照学校规定，无法转为正式讲师或续聘。当务之急，他得找到一份新的工作、一个新的住处。不然，不要说研究汉字，在北京栖身都成为奢侈的事儿。

在"闪电"到来之前，"汉字叔叔"依然是不疾不徐。七月流火，八月萑苇，从事农桑的人们，都知道要把萑苇收割下来，制作成箔，他还在微博上慢悠悠地给网友们分享他的发现："如果你想读懂一篇中文文章的 99.99%，你需要懂得多少汉字？"

"汉字叔叔"的结论是："一个人如果认识 500 个汉字，大概可以读懂一篇文章的 75.8%；认识 1000 个，大概可以读懂 89.1%；认识 1500 个，大概可以读懂 94.5%；如果认识 2000 个，大概可以读懂 97.1%……如果认识 5000 个，大概可以读懂 99.9%；如果认识 6500 个，那你大概可以读懂一篇文章的 99.99%。”

这是个让人宽慰的发现。中国收录汉字最多的古代字典是由清代张玉书、陈廷敬等著名学者主持编撰的《康熙字典》，共收录汉字 47035 个；而由川、鄂两省三百多位专家、学者历经十年编纂完成的《汉语大字典》，共收录单字 56000 多个。“可其中大概有 5 万个字是不常用的，是异体字。”斯睿德说。

如果像“汉字叔叔”所说的，“认识 6500 个汉字，那你大概可以读懂一篇文章的 99.99%”。那意味着无论你是中国人还是外国人，只要通晓 6500 字，就可以在汉字海洋里游弋了。

这不就是《庄子·养生主》之《庖丁解牛》篇描述的理想境界吗？“彼节者有间，而刀刃者无厚；以无厚入有间，恢恢乎其于游刃必有余地矣。”牛的骨节有空隙，刀口却很薄，把薄薄的刀刃插入有空隙的骨节，自然是游刃有余。汉字的世界博大汪洋，但是，掌握了其中关键的 6500 字，了解字与词、词与句之间的连缀关系，自然就能从从容容读懂一篇文章。他乐呵呵分享着上述发现与成果，浑不觉秋霜将至。

到了 2015 年 8 月，与学校的合约到期，斯睿德猛然发现，理想的美感，抵不过现实的骨感。眼看就没地方住了，呜呼哀哉！从容不迫、潇洒自由的《庄子·养生主》，忽然就要变调成《茅屋为秋风所破歌》啊！

他与学校商量，希望能延期搬离，学校也体谅地多给了半个月的缓冲期。不熟悉北京房屋租赁市场、提起房源就抓瞎的斯睿德，又不得不在网上发布租房信息：

> “希望大家能帮助我！房子最好在地铁或公交站附近，最好能直达北师大，不要倒车。房子租金不要太贵。谢谢大家！我想留在北京，我想继续研究汉字！”

2015 年 10 月，斯睿德在微博上告诉朋友们："我找到新的房子了，并且已经搬完家。我的新房子很小很小。但是仍然欢迎你们过来做客。"

网友们一片欢呼之声，用 143 条留言写下了对他的支持：

> "我最近对毛笔字很感兴趣，又迷上篆体。今天无意在微信号上看到你，觉得你很棒，让我更加坚定爱惜自己文化的使命感。一起加油！"

> "哈哈，汉字爷爷，我要是有机会的话，一定会去您家里做客的。"

> "刚在网络上了解到你的事迹，感觉您找到了自己的生活真谛，即使清苦，也甘之如饴。"

> "您一定要健康长寿！"
> ……

欢欣鼓舞的网友们，并不清楚"汉字叔叔"那时找到的是怎样一个房间。

一切好像又回到了 3 年前，重演他刚来天津之时的窘迫境况。新找到的房间如此狭小，以至于他洗澡时都放不开手脚，得艰难地站立着；没有即时加热设备，淋浴之前，他得先花半小时的时间将水加热；卫生间的地面永远是湿漉漉的；厨房也不例外，他得习惯在一个潮湿的地方煮饭。

"大多数的美国人不希望住在这样的地方。"他调侃道，也怀念起在北京师范大学的岁月，那里有绿树浓荫，满园清香，幽雅古朴的教学楼前学子如云，玉兰、山桃花、郁金香次第开放……别了，校园！

从 2005—2015 年，北京的房租翻了数倍。他现在花 3000 元也只能找到一个小小的房间。

"好在这里还看不见蟑螂。"他又幽默地笑道。

比让这个小房间变得清爽起来，更迫在眉睫的，是物色新的工作。

是的，斯睿德又失业了。

生活的吊诡之处，在于它喜欢有意无意地跟人开个玩笑。我们这本书的主角，就像个冲浪的高手，不得不在跌宕起伏的浪涛间起起落落。

就在"汉字叔叔"盯着他的窗户，思考该用什么颜色的布当作窗帘，以免被邻居们一览无余的这两天，他接到了一个邀请——中华人民共和国文化部邀请他在 2015 年的中外汉学家交流大会上做一个发言。

他的演讲主题是"关于中国文字识别的认知心理学"。

这是一次高朋满座的盛会，大家云集，包括世界各地的学者，来自俄罗斯、德国、法国、美国、英国、日本、韩国、泰国、罗马尼亚、秘鲁、土耳其的专家都会汇集在一起。

让"汉字叔叔"雀跃的倒不是马上能见到这些专家，而是他脑海中浮现出的这样一幅画面：

> 会议这五天，我们会住在凯悦大酒店。那里的房间，有一个很好的浴缸。我不用站在厕所里洗澡。我想我会先洗个澡。

理想主义者与理想主义者容易产生共鸣

转眼便是 2016 年春节了。

故乡的明月照耀千里，离愁别绪又涌上心头，如同白霜染上两鬓，转眼又是新的一年。

安徽姑娘李子记得第一次看见"汉字叔叔"的情景。她当时在黄山工作，与"汉字叔叔"不期而遇。大家都回家过年了，只有这个长得像圣诞老人一样的老爷爷，借住在朋友家里。

他携带的物件非常简单，只有一个小小的背包。他的很多物品，仍留在北京师范大学的办公室，没有带到黄山来。

北京的房租过于昂贵，生活成本太高，如果要支付这里的生活成本，他得花出很多心力去找一个工作并维持住，而且这样的工作还未必找得着。思来想去，斯睿德决定还是全身心地投入汉字研究之中，不再心有旁骛。这期间清华大学曾邀请他讲过课，他权衡了半天，拒绝了。

以"奇松、怪石、云海"闻名的黄山，此刻就成了他最理想的归处。"五岳归来不看山，黄山归来不看岳"，黄山的清幽空蒙，令阅名山秀水无数的徐霞客都要感叹，鲜有山峰可出其右，偏偏它又僻静得很，恬淡得很，像个深藏在闺阁中的秀美女子，不声不响地安守于安徽省南部。也就少了那些大城市的万丈繁华，人烟扰攘，房租还便宜，很适合安安静静研究汉字。

李子那时恰巧在黄山帮一位老师做助理，"汉字叔叔"正好在这老师家里借宿。听他们聊起他一路走来的经历、又细读了相关的报道，李子不由得大为感动，"我特别感动的是他这个人不太计较自己失去的，也不太计较自己为别人做了什么。这样的人，让我觉得很纯粹"。

"汉字叔叔"这时已经开辟了微信公众号。公众号上他所写的关于中国人的故事和他在中国的见闻，也让李子读得津津有味。李子非常年轻，才 20 岁出头，刚刚大学毕业步入社会，满怀一腔热忱。她抱有一种浪漫单纯的想法，即人要追求自己的梦想，并且不要亏欠别人。如果能为这个社会、为别人多做一点儿，会更有成就感。

理想主义者与理想主义者很容易产生共鸣，"汉字叔叔"在她眼里，也是这样的人。她乐意去帮助这样的人，担任他的助理。原来的助理惠子，因身体原因，已经离任了。

李子常从细微处，体察出斯睿德与一般中国人的不同：很多中国人做事情，可能考虑别人会多一点，而斯睿德做事情就是按照自己的兴趣走。但在这个过程当中，斯睿德不会去伤害别人，只是减少了一些不重要的牵绊。举个简单的例子，一场饭局的邀约，如果斯睿德不想去吃饭，就会直截了当地说"不行"。而通常情况下，我们中国人可能很难直接拒绝，会想出非常委婉的理由来谢绝。

李子经历过多次这样的回绝，起初，她有些担心，怕得罪朋友，但经历得多了，她发现，这样的效果往往是皆大欢喜，因为别人不会联想太多。但如果为了情面很勉强地去了，又在往来中让对方感受到这种勉强情绪，可能就适得其反了。开诚布公，率直诚恳，能减少一些弯弯绕绕的纠结。

李子与"汉字叔叔"相遇之时，如"少年维特"一样，正经受着青春时代的各种不确定性的打击。她计划着还完助学贷款后，再去读个研，为自己加持一下。

来黄山游历并邂逅"汉字叔叔"，纯属偶然。"我本来想的是先去旅游，释放释放，然后找到自己的热爱。在这里，我遇到了一位老师，给其当了一段时间的助理，后来他有了另外一个助理，就把我推荐给了'汉字叔叔'。"

此时距离李子初次遇见"汉字叔叔"，已过去好几个月了。这期间李子帮助"汉字叔叔"翻译过很多资料，彼此已不陌生。

"李子，呃……我只能每月给你开三四千元工资。""汉字叔叔"不好意思地实话实说。

"哦，没……没什么关系吧。"她也糊里糊涂地答应了。

这三四千元的薪水大概维持了两个月，到9月便涨到了6000元，因为一个资助人从天而降了。这是后话。

人与人之间的相识与相互扶持的缘分很奇特，两人都处于彼此生命中最灰暗、最需要援助、最不确定的时刻。"汉字叔叔"突然之间失去了住所和其他依托，而李子也刚刚开启"青春的漂流"，处于一个年轻人最彷徨的阶段。

"我有时候想'汉字叔叔'也许并不需要我，并不是说没有我，世界就不能转了；但我又告诉自己：你需要去把握自己的生活，没有人能够把你的生活给支撑起来，除了你自己。不可能自己的生活一片废墟，却把别人的生活建设得瑰丽堂皇。"

低谷中的彼此援手、相互扶持，并非没有意义。谁也没有预想到，这种要"把自己与他人的生活都建设得更好"的信念，最后竟把大家都推出了命运的泥淖，并迎来人生的高光时刻。

这时候，汉字叔叔又"穷"了。

没有很多钱，算不得什么大不了的事儿，"汉字叔叔"已经习惯了，这个问题，几十年来从未令他忧心忡忡。年轻的李子，开销也不多。

困扰他们的是那个"阿喀琉斯之踵"——"汉字叔叔"没有工作签证和绿卡。2016 年到 2019 年之间，他每两个月就要出境一次，两个月是国内旅游签证所允许的最长的停留时间。近 70 岁的老人，就这样为他的梦想来回奔波着，辗转出门去，又兜兜转转地折返回来。

不那么忙碌的时候，李子会陪汉字叔叔出去看看美丽的黄山。黄山市区密布着荷花池，夏风徐徐吹拂时，千百朵荷花盈盈摆动，鲜妍柔润，像千年前汉宫能做掌上舞的美人，这是怎样动人的一种意态！可当九月里凉风渐起，落叶洒落于池塘时，那千百朵荷花仿佛在一夜之间就枯萎了，失却了娇媚的颜色。残败的枯荷，骨骼仍是挺拔的，在秋风中直立着身姿，却随时有可能坠入湖面，随流水杳然而去。

李子觉得，"汉字叔叔"有时很像那漂泊的莲叶。"中通外直，不蔓不枝，香远益清，亭亭净植。"清是清雅，静是安然，不争不抢，但"汉字叔叔"的生存境况，也有点儿像飘萍——居无定所，生活来源不稳定，由于工作签证问题随时可能离开……

什么时候才能风不急、雨不骤、荷花不再萎谢，生活不再像那随波起伏的飘萍？

居一室，观天地

孔子夸赞弟子颜回："贤哉，回也！一箪食，一瓢饮，在陋巷，人不堪其忧，回也不改其乐。"

"隐居"于黄山的斯睿德说，也是"居陋巷不改其乐"。别人夸赞一个人能坚守初心，常说"以苦为乐"，在他这里，是"苦吗？这样的生活有什么苦？"，能终日与自己心爱的事情为伴，太美妙了吧！

"钟鼓馔玉不足贵，唯有汉字留其名"！

论精神气质，中国的哲学家中，斯睿德最喜欢庄子，庄子所说的"逍遥游于天地而心意自得"，他反复阅读了多遍、铭记于心并将其翻译成英文：Enjoy yourself between heaven and earth, and be content。能在天地之间，自在洒脱、无羁无绊地生活，再好不过了，又有什么别的，要去孜孜以求呢？

斯睿德不追求什么"有用""大用"，他更愿意听从自己的心志追寻自己想去的方向。庄子深邃的思想，注入了这个老外的血液里。两千多年前，庄子与朋友惠子论辩时说："今夫斄牛，其大若垂天之云。此能为大矣，而不能执鼠。今子有大树，患其无用，何不树之于无何有之乡，广莫之野，彷徨乎无为其侧，逍遥乎寝卧其下。不夭斤斧，物无害者，无所可用，安所困苦哉！"

硕大无比的斄牛，庄子是不稀罕的，因为斄牛虽然体积庞大，却连捕鼠这种技能都不具备。追求大、追求世俗意义上的"有用"，有什么用处呢？对高大挺拔的树木，庄子也有自己的态度，与其拥有一棵大树、终日忧心它没被派上用场，不如将这棵树种植于虚无之乡。原野无边，天幕低垂，躺于树荫之下，岂不惬意？这也是为大树选择了最好的出路，它不会再受斧斫之苦，还会有什么烦忧？世间困苦，有许多是自己给自己添的堵！

御风而行，举目四望，行有极而思域无疆，在小小的黄山的居室内，斯睿德畅游于他的"汉字天地"。他极目到了天边，在肉眼看不到的远处，发掘出无尽的奥秘。别人眼中，冷清寂寞的时光，于他，正好可用来"插禾、采桑、犁田、耕作"，以期"稻花飘香"时丰盈的收获。他是"农夫"，他是"耕作者"，他是"养蚕人"，他有他要看守的金色的"麦田"。

"喜看稻菽千重浪，遍地英雄下夕烟！"

几番繁星隐现，几轮明月起落，成果来了！

"汉字叔叔"眼里的赤道：

赤，烾（chì）"naked or red"

seal（赤，篆文）

bronze（赤，金文）

oracle（赤，甲骨文）

赤的意思是红色，这个字的解释是火焰盛貌呈红色，即"大""火"构成了"赤"字。

它也有"光着"的意思，比如说在"赤脚医生"这个词中。有人以为这个字是一个人赤身站在火边。

有一个很有意思的词"赤道"，大多数人现在都知道它指的是"地球赤道"。

这个词可以追溯到汉朝，在那个还没有人了解"赤道"的时代。它最初被用来表示"天球赤道"。

天球赤道是太阳在秋分和春分那一天的运行轨迹。是太阳从东方升起和从西方落下的轨道。但是那时候太阳并不只是一直在正上方，它一直向着南边移动。

在一年当中的其他时间，太阳或者是在夏天时在赤道北边升起落下，或者是在冬天的时候，在赤道的南边升起落下。

为什么他们称之为"赤道"？

行星的轨道偏角指的是行星位于天球赤道的南方还是北方的距离。行星的偏角在一年内不会发生改变。赤经是星星在春分后上移的角度。昼夜平分点是太阳在春分时穿过在赤道上的点。

我想，也许有一个行星总是走在赤道的轨迹上，有一个非常有名的明亮的星星叫作猎户座α星，这是一个可变的星星，所以它明显的光度在＋0.0 与＋1.3 之间。它是猎户星座中第二明亮的星星，位居 Rigel（参宿七）之后。

汉语中，我们称这颗星星为参宿四。猎户座α最传统的说法来源于阿拉伯语是 يد الجوزاء Yad al-Jauz ā '意思是猎户座之手。

当我查找资料的时候，我发现它的赤纬是＋0.7，赤纬是星星在赤道以上或以下的角度。

在公元前 1400 年前，猎户座是没有任何偏角的。

结论：猎户座这个巨大的红色星星在公元前 1400 年前应该可以作为天球赤道上的标志，过了 1300 年，到了汉朝，它发生了几度的偏角。

"汉字叔叔"眼里的"幸"与"报"：

幸，夆夆（xìng） "lucky"

夆
seal（幸，篆文）

ideal（幸，推理字形）

幸 (niè) "criminal"

seal（幸，篆文）

oracle 1（幸，甲骨文1）

oracle 2（幸，甲骨文2）

幸 xìng means lucky and comes from 夭 on the top, which means to run, and 羊 rěn on the bottom. 羊 is an upside down man which can represent a dead man. The character can be interpreted as meaning the person who has run away and avoided death. In some characters the 幸 actually comes from 幸 below, which is a different character.

幸 表示幸运，夭在上面，意思是跑，羊 rěn 在底部。羊是一个倒立的人，可以代表一个死人。这个人可以被解释为逃跑并避免死亡的人。在一些人物中幸实际上来自幸，下面是一个不同的字符。

Chinese characters usually evolve naturally, not by design. They get more and more distorted over the years. There are several examples where one thing evolves naturally into something else with a different logic. In these cases, the evolution was almost surly accidental.

汉字通常是自然演变的，而不是设计的。这些年来，它们变得越来越"扭曲"。有几个例子，其中一件事自然演变成另一件事是有不同的逻辑。在这些情况下，进化几乎是偶然的。

羍 niè means criminal and comes from 大 on the top and 羊 rěn on the bottom. Again, as above the 羊 represents a dead man. In this case the man on top is alive and the man on the bottom is dead. The man on top killed the man on the bottom, thus he is a "criminal".

羍 意味着犯罪和来自顶部的"大"和底部的羊 rěn。同样，正如上面所说羊代表一个死人。在这种情况下，上面的人活着，下面的人死了。上面的人杀了下面的人，所以他是个"罪犯"。

报，報報報 (bào) "newspaper, reward"

seal（报，金文）

seal（报，篆文）

执，執執軏 (zhí) "arrest"

报（報報 bào）has a basic modern meaning of newspaper. The original meaning of the character was a sentence for a crime, or freedom if the person is innocent. It became a court document, then a government document, and finally a "newspaper".

报（報報 bào）具有报纸的基本现代意义。这个字的原意是对

111

一项罪行的判决，如果这个人是无辜的，那么他就会重获自由。它成了一份法院文件，然后是一份政府文件，最后是一份"报纸"。

报仇 bào chóu means "revenge" and 报酬 bào chóu same pronunciation means "remuneration".

报仇的意思是"报复"，而报酬同样的发音意味着"报酬"。

Compound 艮 fú to regulate from person-kneeling 卩 jié and right-hand 又 yòu.

艮是由代表下跪的"卩"jié 和代表右手的又组成的。

恶有恶报善有善报 è yǒu è bào shàn yǒu shàn bào. Bad deeds bring bad results "punishment" but good deeds bring good results "rewards". So, 报 can mean either punishment or reward.

恶有恶报，善有善报。坏事带来坏结果是"惩罚"，好事带来好结果是"奖励"。所以，报可能意味着惩罚或奖励。

We see from the picture in light color that the 幸 is simplified to 扌, because, in cursive Chinese, the rule for simplification is: first stroke, then the middle runs together , then last stroke. When converted to Kai style characters, 幸 becomes 扌.

我们从浅色的字上看到幸简化为"扌"，因为在草书中，简化的规则是：先笔画，然后中间连成一行，最后一行。当转换为现代楷书风格的字符时，幸变成"扌"。

Historically, 幸 becomes 㚔, which, as explained above is a criminal.

But in oracle characters, it appears to be some handcuffs. Or hand restraints. There is a kneeling person and a hand that has control over the kneeling person.

历史上，幸变成卒，如上所述，这是一个罪犯。但在甲骨文中，这似乎是一些手铐，或手部约束。有一个跪着的人和一只手可以控制跪着的人。

"汉字叔叔"眼里的 土与社：

The Potter's Wheel 土 tǔ 社 shè

土圡（tǔ）"earth and earth related things"

seal（土，篆文）

bronze（土，金文）

oracle 1（土，甲骨文 1）

oracle 2（土，甲骨文 2）

土 tǔ means dirt or earth or clay or ground. Most people will tell you it is a picture of a lump of dirt. This is ridiculous. You cannot draw a picture of a piece of dirt. You must draw a picture of some easily recognizable concrete object that an ancient Chinese would easily recognize and that can represent dirt. That object is a lump of clay on a potter's wheel, as shown above. There are several oracle characters that had dots which indicate water. The dots indicate wet clay on a potter's wheel.

土 tǔ 指土、泥土、黏土或地面。你不能画一块土的画。你必须画一幅古代中国人很容易辨认的、能代表泥土的具体物体。比如在陶艺拉坯机的一块黏土。有几个甲骨文字符上有点,表示水。这些圆点表示陶艺拉坯机上的湿黏土。

泥土 means dirt.

泥土意味着土壤。

黏土 means clay.

黏土意味着陶土、泥土。

Both are "tu 土" but they are not the same thing exactly. If you have to draw a picture of "tu", what do you do? You have to have to draw a concrete "具体的" picture of something that people will recognize. You cannot draw a picture of a "pile of dirt 土堆". You have to draw a picture of something concrete that represents dirt.

黏土和泥土都是"土",但它们完全不是一回事。如果你要画一幅图,你会怎么做?你必须画一幅具体的、人们能认得出具体什么东西的图片,你不能画只有"一堆土"的画,而是必须画一幅能看出泥土的具体的图画。

社 shè means society. Derived from altar 礻 示 shì and potters clay 土 tǔ. In ancient times and even today, there is a god called 土地公 tǔ dì gōng. He is the god that takes care of the local land 土地 . So the people on the land are called a society.

"社"意味着"社会"。源于"祭坛"，也就是"礻"。在中国传统文化中，有一个神叫作土地公，他照管当地的土地。 所以这片土地上的人们被称为"社会"。

Music was important to the ancients. Since they did not have recordings, they had to make their own music. In Ancient China they had some special Chinese musical instruments. One was a set of chimes, made of a stone called petrophone. They were triangular shaped rocks or pieces of jade that were carved to different sizes and dimensions in order to make different tones.

音乐对古人很重要。因为他们没有录音、播放设备，必须自己制作音乐。在古代中国，他们有一些特殊的乐器。其中一种是一套编磬，是用石头做成的，它们是三角形的石头或玉石，被雕刻成不同的大小和尺寸，以形成不同的音调。

声，殸（qìng）"chime – sound" 𣪊 𥑮
尸 remnant

声，（殸 qìng）is a pictograph of a hand with a mallet 殳 hitting a stone chime 声 . So, it meant "chime". Later the Chinese simplified it to just 声 which is from a chime 尸 hanging from a string 士 .

声，（殸 qìng）"蜂鸣音"。

磬（qìng），是一个象形文字，看起来是不是很像手拿木槌，敲响石头？所以，它的原意是"钟声"。这是一组钟挂在绳子上。后来被简化为声。

声，（聲 shēng）is a chime modified by an ear 耳 indicating sound.

声，（聲 shēng）是一种由耳朵修饰的钟声，"耳"指示声音。

磬（qìng） is a chime modified by a rock 石 indicating the chime itself.

磬（qìng）是一种由岩石改装的钟声"石"表示钟声本身。

古代的乐器——磬

而石头，在"汉字叔叔"眼里，打击它与能发出美妙音乐的"磬"渊源颇深：

石（shí）"chime – stone"

他用英语向非汉语母语的读者解释"石"字：

116

石（shí）, You can't draw a picture of a rock. You have to draw a picture of something that represents a rock, and that something is a chime.

你无法画一幅上面只有岩石的画，而只能画一幅代表岩石的东西的图画，而这个东西就可以是一种石头做的乐器。

丁 is the remnant of the chime, and 口 is an indication that it makes noise.

"丁"是钟声的余音，"口"是它发出噪音的迹象。

当汉字"撞"上了天文学：如何解释"冬"

来华之后，斯睿德陆陆续续接触了很多中国人。大家好奇的是他的外国人身份、他的想法和他的习惯，而他最热衷的则是与人们讨论汉字。

让他略感失望的是，并非所有的人都如他一样，把汉字视若珍宝。有些人会自豪地宣称，"你看我们的汉字有多漂亮"，可问问他们《康熙字典》，与他们聊聊甲骨文、金文，大家又张口结舌。

极少有人愿意沉心静气，拣点这些流传了五千年之久的"宝贝"。大家忙着赶路，马不停蹄，可许多人并不清楚，自己将奔往何方。"深林人不知，明月来相照"，古代的中国人，舍得付出大量的时间追求心灵的逍遥、精神的超脱、神思的飘逸，不惜用一生钻研一件事、打磨一本书、修撰一部词典，而21世纪这样的人、这样的风骨、这样的韵致，多么可贵。

当然，很多美国人也是一样，也会洋洋自得地宣称："我们的历史很伟大"，但真正愿意投身典籍中，沿历史之河一探究竟的，又有几人呢？

"每一个民族的历史都有很伟大的一面，但许多继承者，对自己民族的历史没有学习的愿望，这让我觉得可惜。"

"不管是中国，还是美国，或世界上其他国家，传承的重要性不输于创新。"

他那种可惜是由衷的，就像看见一个小孩儿坐在一屋子的珍宝之中，却拿那些珠玉当成小石子儿、废纸片儿，朝窗外随意丢弃；也像一个眼光独到的收藏家，瞧见了某户人家的唐宋真迹，可这户人家却漫不经心拿它当柴火焚烧一样。当然，这样的文化现象，在各国各地都或多或少的存在，"恋旧"与"逐新"的群体都不乏其人，如果想要优美的传统文化激起更多的共识、共鸣、共情，需要文化保护工作者、新闻媒体、大学及相关机构做更多的呼吁。

中国的天文、历法，就是他眼中的珠玉与真迹。

"大家都听说过二十八星宿，都说二十八星宿是很重要的，可大概只有几万分之一的中国人认真地去分析它们、了解它们。这很奇怪。"

当然，他理解当代一些中国青年面临的现实处境。其一，大家都生活在现代，感受的是现代的科技，许多人只是听说过二十八星宿，但他并不见得真正地研究过。同理，中国有四书五经，都是世界文化宝库里的珍藏，但要抽离于现实世界，逐字逐句了解其深意，却非易事。正如《诗经》所云，"溯洄从之，道阻且长"。

其二，很多年轻人，都在马不停蹄地往前走，他们的注意力可能放在买房子、买车、婚嫁、抚育孩子上。如果让他们去研究传统文化，他们可能会觉得这些阳春白雪与当下的生活没有关联。当务之急，他要考虑的是现实的问题，他要先生存、先发展，生活得还不错之后，才有功夫去想这些风雅优美的事情。

或许有一天，物质的东西都有了，青年们才会反过来关注这些，但这也许需要很长很长的时间。

目前有很多热爱国风、国漫、致力于弘扬传统文化的年轻人，他们是可爱的、灵动的，某种意义上，也是潮流的前瞻者，优雅生活态度的打造者，他们持有的生活态度是"我做这件事情，很享受，我很喜欢，我可以燃烧自己去做"，他们的出发点是非物质的，一腔热爱，可御岁月漫长。《只此青绿》的舞蹈惊艳世界，故宫文创再度走红，"三星堆文物"掀起考古热……新的青年群体在崛起，借助古典的方式书写当代中国人的审美与骄傲。

但是，从事汉字研究，光投注热情是不足的。还要阅读大量的书、做大量的研究，才能一窥门径。这个过程如同武陵人遇到桃花源，入口处极狭极窄，仅容一人侧身通过，但历经艰难逼仄、屡屡碰壁之后，人们终会抵达豁然开朗的境界，放眼望去，会看见两岸大气开阔，细腻的白沙环绕着水中陆地，江水与天光相接，溶溶一色。

在"汉字叔叔"看来，学习、研究汉字，"不仅仅是了解了汉字，有时还会接触到很多交叉学科，如天文学和汉字的关系就很紧密，如果我一边研究汉字，一边了解天文学，那么，几十年后，我可能就精通了两门以上的学科。书，读得越多，就会发现它们彼此之间的关联度越大，懂得也就越多，整个过程也越来越有意思"。

不孤立地分析一个汉字的"前世今生"，而是借用交叉学科的方法，包括天文地理等自然科学的原理，来推敲这个字的由来，是斯睿德汉字研究的一大特点之一。

他坚持一个独到的观点——很多汉字与天文学有一定关系，它们的结构、形状，反映了某种天文现象。"中国古人是很重视天文学的，如果你是一个农夫、一个耕作者，对气象、节气一无所知，那你会颗粒无收甚至饿死的。"

以他琢磨多时、费心推敲的"冬"字为例，"冬至"在二十四节气里意味着什么呢？斯睿德查询过相关的书籍，它是"二十四节气"之第二十二个节气，"至"就是极点，冬至之后，真正的严寒就到了，冬至这一天也是北半球白昼最短、黑夜最长的一天。从这一天开始，人们开始用"一九二九三九"来计算天气，民谚唱道："一九二九，不出手；三九四九，冰上走；五九六九，沿河看柳；七九河开，八九雁来；九九加一九，耕牛遍地走。"也就是冬至过后90天就要开始耕作了，面朝黄土背朝天的农民们是绝对不会忘记这一天的。

自小就喜欢与老师探讨宇宙万物、天体运行的斯睿德，当他看到"冬"字字形时，直觉告诉他，这一天与冬至、南回归线、太阳直射点有着某种默契的关系。

让我们来看看这个字。

甲骨文中的"冬"，其下半部分酷似日晷，而上半部分，一撇、一捺，在他看来，恰似南回归线。根据初中地理的知识，我们即可知：冬至日，太阳直射点照射在南回归轨线上（23° 26′ S），这之后，太阳光逐步北移，北半球从至寒逐步回暖，直至春暖人间。

"这里有个影子，因为古代的人们看到太阳到了这个位置，就将这一天命名为冬至日。这就是我的分析。古代的人，不只是中国人，他们写'冬'字就是这样写的。"斯睿德对着电脑中，他对"冬"字的分析成果解释道。

此后，随着甲骨文时期、小篆时期……各个时期的推移，"冬"字的形态也日益演化，直到成为今天我们所熟知的模样。

"也许你觉得不准，也许目前也没有权威专家认证，但它体现的是我对这个字的分析与阐释。"

中国人说"仓颉造字"，在斯睿德的分析体系里，古人的造字灵感，有许多源起于天文。古代人懂得很多实用的天文学，在创造字形、字意时，也会把天文学的知识融入进来，以此描述他们的生产、生活。

躲进小楼成一统，物换星移，不知几度春秋。

他在黄山研究他的"冬"，他在黄山熬过他的"暑"。严冬与苦暑交错之后，便是生命的春。

我想为你做些什么，但你不需要为我做什么

生命中总会碰到一些奇奇怪怪的人，给你温暖的人，以及一些意想不到的事儿。

对斯睿德来说，61 岁是个开始，而非结束，很多人认为这是个适宜退休的年龄，而他 61 岁才在中国开启了人生新的篇章。在天津，他的签证出现了问题，险些中止他热爱了半辈子的汉字研究工作。在北京师范大学，有过几年短暂的、宁静愉悦的时光。失去北师大的教学工作之后，他的生活，又回归了小池微涟、雨打芭蕉。

幸好这个时候有一个人从天而降，帮助了"汉字叔叔"，使"汉字叔叔"在接下来的三四年间不必风雨飘摇。

这个人叫王君，是一位在北京工作的企业家，当他在媒体上看到"汉字叔叔"的故事后，不由得一拍桌子："这个老人做的事情特别有意义！"

没有多加思索，王君第一时间专程飞到了黄山来看望斯睿德，实地了解他的近况。老人的清苦状况和他皓首穷经之后取得的研究成果，让王君恻隐之心与侠义之心大起。唐朝诗人韩偓说："白首穷经通祕义，青山养老度危时。"而"汉字叔叔"恰好也在青山隐隐、绿水迢迢、乏人问津的地方啊！

这个豪爽的北方汉子，开口便问：

"您最需要的是什么？"

"汉字叔叔"告诉他："我今年已经 66 岁了。我不想别的事情，也没有时间再从事其他的工作了，就想天天研究汉字，完善我的数据库。"

王君："那我应该能帮到您！您看这样可以吗？我来提供一部分经费，包括您的研究费用和您聘请助理的费用，我会按月来支付。"

"汉字叔叔"有些困惑地问他："有其他的条件吗？"

王君答道："没有。您不用额外给我什么。您愿意把字源网的链接放在我们公司的平台上也可以，如果不愿意，也毫无问题。"

王君此举，源于他对传统文化的热爱，他身处的行业也碰巧与传统文化和中医相关，他的股东公司——位于深圳的阿福科技，董事会也一致同意无偿支持"汉字叔叔"。"汉字叔叔"在黄山的日常开支，如房租、饮食、水电以及聘请助理的费用，都再无后顾之虞。

人，可以出无车，食无肉，衣无环佩簪饰，却不可以无书无友。沧海茫茫，红尘滚滚，这世上，总会有那么几个人，听得懂你曲水流觞、琴瑟之音。

一个人，两条狗，一只猫，一架子书

"最近十年里，我有五个最好的朋友"，王君算是其中一位，曾经协助过斯睿德整理微博、与媒体沟通的惠子，也是其中一位。

"李子也是我最好的朋友。"斯睿德对这个脸蛋儿圆圆、笑起来眼如新月的安徽女孩定位很高。尽管两人意见不合时，斯睿德会道："李子你不适合这个工作了，如果你想走的话，就走吧。"

他们不像雇主和雇员，倒像一对忘年交。

从 2016 年到 2020 年，将近四年的时间，李子的工资基本上没有涨过，每个月都是 6000 块钱。可跟着"汉字叔叔"研究古往今来的汉字，从最初的似懂非懂，到可以轻轻叩响远古的门扉，她感受到了自己的成长，觉得自己渐渐拥有了同龄的 95 后女孩不能理解的、稀有的快乐。这是比金钱更重要的收获。

2018 年，"汉字叔叔"与李子辗转到了南京。寻觅住处时，他们先看院子，挑了一处院前全是荒地的，种上了鲜花与蔬菜。花名"格桑"，娇弱但不憔悴，在潮湿的泥土中生长，从星星点点到大片大片地绽放，娇艳明丽，令邻居们都啧啧惊叹。"格桑花"是在高原雪域中也不会轻易屈服的花儿，是欢喜的、生命力顽强的花儿。这些花儿，陪伴这一老一少，在金陵城中，栖霞湖畔，望云卷云舒，度四季寒暑，庭前有明月照水，而心如明月修竹。

吃得简单，住得也简单，却不妨碍"汉字叔叔"找寻平常生活中的快乐。位于仙林湖畔的小两居，没有奢华的装饰，却被布置得颇具古风古韵。入门的客厅，悬挂着今人书写的李清照的《渔家傲》："天接云涛连晓雾，星河欲转千帆舞。仿佛梦魂归帝所，闻天语，殷勤问我归何处。我报路长嗟日暮，学诗谩有惊人句。九万里风鹏正举。风休住，蓬舟吹取三山去。"苍劲雄浑的笔锋，符合易安居士身是女子、心是人杰的性情气魄。

卧室的门上，则是一位友人的漫画，白发、红衣的斯睿德，坐于方鼎之侧，圆炉之后，身后是他研究了半生的甲骨文。友人题字写道："余慕'汉字叔叔'久矣。他为弘扬中华汉字，数十年如一日，倾尽所有，苦心钻研，独创字源网，为全世界汉字学习者的福音……余知晓'汉字叔叔'旅居黄山，可以登门拜访，无比兴奋做此图，余照释六舟法师全形拓依样画瓢……"

除此之外，这个屋子里，最醒目的"装饰物"便是书了，你难以想象这是一个外国人的书架，摆放着《文字源流浅说》《甲骨文字释义》《甲骨文与殷商史》《甲骨文写意书法集》《异体字手册》《西南联大求学日记》……古色古香，古风古韵。与之相映成趣的，是哔哩哔哩网站赠送给网红 UP 主"'汉字叔叔'教识字"的奖牌，上面写着"祝贺您获得 100000 粉丝"，附带着网友的评价："恭喜你发现了镇站之宝""我也就看了 3000 遍"。

奖杯、奖章，连同知名主持人送给他的书籍，随意地坐落于书架上，而不是被特别地"供奉"起来，这本身就体现了一种态度，体现了"汉字叔叔"平等的价值观。他对待朋友也是如此，当他喜欢上了一个人，就会亲切地对待他，不客气地戏谑他，甚至有时还挺"毒舌"，他不会装、不会隐藏自己、不会吹捧与逢迎。

这个家的"主人"，当仁不让的还有两只小狗和一只小猫。喵喵会在"汉字叔叔"敲击键盘时，慵懒地爬到电脑桌上，仿佛在"检阅"着那些甲骨文，实际上它就是想提醒"铲屎官"，不要忽略"朕"的存在。晃晃与抱抱，两只小狗，既是家里也是小区里的"明星"。它们喜欢出去放风儿，喜欢跟着"汉字叔叔"的电动车奔跑，喜欢摇着尾巴欢实地吃饺子。当有熟悉的朋友来访，晃晃和抱抱会毫不见外地依偎在访客跟前，蹭人家一身狗毛……"汉字叔叔"对他这两个宝贝儿狗，只有一个要求：就是在他喊它们的名字时，狗狗必须快点跑过来坐在他的电动车上，不然，"我就没有办法保护着它们"。

一个叔叔、两只狗、一只猫……构成了一家子，这个"家"偏居南京市的东北一隅，很长时间无人打扰。这个家的氛围又是如此简单、温厚、祥和，斯睿德得以无忧无虑地沉醉于他的汉字研究里。

万物并育而不相害

斯睿德常从今天的器物中，去反推汉字的历史。斯睿德和一些人曾经去位于南京云锦路的云锦博物馆参观，他对织布机的了解，让带他们参观的负责人都感到惊讶："其实很多人来这里参观，只知道织布机很壮观、织布很不容易，而您竟然知道织布机是怎么工作的！"

斯睿德不仅懂得织布机是如何运作的，还能根据其运行机制，给出一些汉字的阐释。在他看来，古代汉字与天文学之间的联系，也越来越确凿。

有一位研究中国古代历法和汉字关系的专家，曾这样说过："中国古代的天文学是非常非常重要的，如果人不懂天文学，他们的农业生产是不可能进行的。"这一点与斯睿德不谋而合，他不止一次强调过："你不要忽略中国古代的人有多么懂天文学。"他笃定，古代中国人对天文的认知，深远地影响了华夏的汉字体系。

学术界对他这套研究的争论，短时间是不会停止的，碰撞会持续存在，而斯睿德日益明晰的一点想法是，"我不会再唯唯诺诺。我是一个外国人，用我这样的方式对汉字进行解构和解读，也许正提供了一种独特的视角。这也是我研究的价值和意义所在"。

不同的观点，彼此之间，应该是瑕瑜互见、互为补充的，而不是非此即彼、不能共存的。"道并行而不相悖，万物并育而不相害"。

在喜欢斯睿德的网友们看来，"汉字叔叔"是比较开放的，他的网站是开放的，他的讲解是开放的。他乐此不疲向大家讲述了汉字的来源，增加了文化的传播频率和广度，让更多人对古代的汉语和现代汉语有兴趣，让故纸堆里的汉字有了生气与生趣。

他的阐释，兴许不是那么"正确"、完美，但起码能够吸引海内外的人去了解汉字，让文化不再禁锢在"殿堂"之中，能以西方人的视角趣解中华文化、促进国际传播！这，就是重要的突破！

"汉字叔叔"的很多粉丝和读者，并非对汉字一窍不通，其中有为数不少的人员，本身就是汉语言专业毕业并从事对外教学工作的。他们评论："'汉字叔叔'式的人物的出现，为大家喜闻乐见。"

北师大国际教育学院的一位老师，曾邀请"汉字叔叔"去做演讲。虽然因为各种原因并未成行，但是这位老师转达了他们院长发自肺腑的评价和认可："虽然我们学院不完全同意'汉字叔叔'讲解汉字的方法，但我们非常欣赏'汉字叔叔'对汉字的热爱。'汉字叔叔'对汉语传播的价值是毋庸置疑的。"

能收获类似的认可，斯睿德也心满意足了。他压根儿没想过借汉字赢取多大的地位或声望，他是来了中国多年、适应了好长一段时间后，才意识到自己所做的事被成千上万的人认可的事实。

也许会受伤，但我的选择是往前走

一直保持着 18 岁时想看世界的那份纯真，一直保留着孩子气的相信，这些年斯睿德没有改变过。纯真，不等于轻信、无脑听从，他结交一个新朋友时，还是会判断一下，这个人是否可靠，能不能、值不值得继续聊下去。但如果他认定了一个人，就会毫无保留地去帮助他，或与之合作。

在接受采访时，"汉字叔叔"说："有的人因为受过伤、被欺骗过，就特别害怕别人、提防别人。但如果我们遇见人、遇见事，总是非常害怕、把自己包裹得紧紧的话，那就什么都做不了。我的选择是往前走。我没有宗教信仰，但我总觉得，上帝会保佑我，'老天'会保佑我。去印度或非洲探险，我大多数时候是不会怕的，因为觉得冥冥中会有什么会保护我。我来中国之后，也碰见过几个不好的中国人，会骗人的中国人，可大多数中国人是友好的、善良的、热情的。我的运气还好，遇到的情况也没那么糟糕，有些骗局到一定阶段，就戛然而止了。"

由于"汉字叔叔"的声名渐隆，他接到的节目邀请也越来越多。起初，斯睿德是开心赴会、参加节目的，可次数一多，他渐渐觉得自己要学会与喧嚣告别，要沉静下来，明白自己真正要做什么。"我参加过几个节目，除了娱乐还是娱乐。我对自己说，得跟这些节目说再见，如果不是讲汉字，如果不是讲有意思的故事，我不想参加。"

再有邀请，斯睿德会先请李子当个"守门人"，提一个问题："这个节目有什么价值？教育价值？"

"弱水三千，只取一瓢饮。"哪里是不想打开自己？哪里是闭门造车、拒绝合作？斯睿德是觉得手中的时间越来越紧迫，解析汉字的工作只争朝夕。出门吃顿美美的大餐，于现在的他看来都是浪费。选择合作方，他如女子选择夫婿一样谨慎，如非"良配"，宁缺毋滥。他最大的心愿是能够独立地进行研究，不让过度的商业化干扰他的进程和想法。

他的身体里藏着一个小孩子，水清且浅，道阻且长，小孩子捍卫小孩子的理想，要把本真、不掺水分的解读，捧给小孩子……这种光芒照耀了他的一生，他一路走来仿佛就是为了这一刻。

"提到汉字字源，很多人觉得高深莫测，其实并不然。很多字有非常有趣的解释，你又能由此衍生出一大堆新的字。可能你学了几百个字，进而能认识上千个字。这就是老子说的，'一生二，二生三，三生万物'。""汉字叔叔"这样总结道。

登上《朗读者》与《开学第一课》

"作为一位中国人，我们都曾感受到汉字之美，方正的形状中，自有一番风骨，自有一番哲理，对汉字的热爱，是浸透在我们血脉当中的一种文化的传承，而接下来要上场的一位美国人，也到了一种痴迷的程度……衣带渐宽终不悔，为伊消得人憔悴。"

2017 年 3 月，央视演播厅的舞台，华灯璀璨，流光溢彩，似柔软的春风，轻轻地拂过沉睡了一冬的枝条，花蕾蓦然地在舞台绽放，幽香四溢，舞台中央《朗读者》节目的主持人右手边站着应邀参与节目录制的"汉字叔叔"。

虽然不怎么喜欢衬衫这种正儿八经的服装，上中央电视台的节目，"汉字叔叔"还是听从了大家的劝告，老老实实穿上了他的蓝色衬衫。

主持人之前显然已熟读"汉字叔叔"的故事，她对"汉字叔叔"称赞道："您对汉字的热爱，或者说对汉字一些知识（的掌握），超过了一般的中国人。"

"汉字叔叔"答道："我希望了解汉字的来源，每个汉字每个构件，都有一个象形文字的来源。我分析的是繁体字 48008 个字，还有《金文编》，就是周代的汉字 21000 个字。"

主持人转过头来，面朝观众："熟悉他的朋友说，他是一个热爱汉字的穷光蛋，热爱汉字的流浪汉。"

"穷光蛋"斯睿德对这个"评语"很淡然："每个人都应该有自己的一个爱好，追求自己的梦想。我现在的工作，是有一点儿不稳定的，那很多人说，'汉字叔叔'只有一个背包，还有一个笔记本电脑，因为这样子，有很多人跟我说，我是流浪汉，可我不是随便在路上睡觉的流浪汉。"

照例，每一位登上这个舞台的嘉宾，都会选择一段自己最心爱的文字吟诵、分享。在"汉字叔叔"之前，演员王千源朗诵了海明威的《老人与海》选段，字里行间都是在残酷诡谲的命运面前不低头的勇气；耶鲁大学全额奖学金获得者、赴湘西农村担任村官的秦玥飞，朗诵了迟子建的《泥泞》，献给脚下广袤的大地……

当主持人问"汉字叔叔"："您的这段朗读，想送给谁呢？"

"汉字叔叔"斯睿德答："这段朗读我想送给我的妈妈，我的妈妈 2015 年去世了。"

他没能赶上见母亲最后一面，可他回到地球的那一端将母亲的骨灰带到了中国。他觉得现在中国就是他的家，母亲仍然在自己身旁，陪伴着他。

> 山不在高，有仙则名。
>
> 水不在深，有龙则灵。
>
> 斯是陋室，惟吾德馨。
>
> ……
>
> 无丝竹之乱耳，无案牍之劳形。
>
> 南阳诸葛庐，西蜀子云亭。
>
> 孔子云：何陋之有？

他的腔调，是外国人特有的、总往上飘扬的腔调，观众却为那一字一顿、节奏较慢的吟诵所触动。他的吟诵让人想起范仲淹《岳阳楼记》的轻叹："微斯人，吾谁与归？"岳阳楼烟波浩渺，岸芷汀兰，郁郁青青，试问洞庭湖，千帆过尽，"先天下之忧而忧、后天下之乐而乐者"，能有几人？"精致的利己主义者"多矣。他的吟诵，也让人想起正直不阿、不怕触怒权贵的刘禹锡，坚持理想，甘居陋室。这些心胸阔大的名臣，如果知道后世有一个人，外国人，与他们一样，把理想置于一切之上，估计会欢乐地"穿越"回来，与他谈天说地、再来几瓶二锅头（二锅头是斯睿德的最爱，他喝中国白酒都是一个味儿，常说自己分不清二锅头与茅台）。

同年9月1日，"汉字叔叔"又来到了《开学第一课》的节目现场，这一次，他与全国的中小学生们，分享他与汉字的故事。"我希望能活到90岁，你们能叫我'汉字爷爷'。"他期待着被小朋友们称呼"汉字爷爷"的一天，也巴望着早点推出自己关于汉字的研究书籍，"留给我的时间很紧张了"。

两档节目下来，斯睿德的影响力超越了互联网的范畴，他在中小学"名气暴增"。2017年5月19日，河南省郑州一中汝州实验中学，专程邀请他与师生和家长们一同感悟汉字之美。穿着民族服装的"汉字叔叔"，那天获得了特别的礼遇，用"惠然之顾，夹道欢呼"来形容不为过。

"从甲骨的波涛而来，穿过小篆的迷宫，从竹简到石刻，从锦书到纸箔，汉字以其独特的神韵气质孕育了代代华夏儿女，"在师生们看来，"汉字有感情，有色彩，有气味……能倾听、接纳、记录这个美丽的世界。"

让大家重拾汉字之美、珍视汉字之美，于文化的反刍中，回归与拥抱华夏儿女得天独厚的文化资源与宝藏……这是"汉字叔叔"的一堂课给师生们的感受。

爱，并非一定要奔赴山与海之外的旅程，爱，不妨回首看看自身，探究那一撇一捺、笔墨纵横间的寄托，古人的所见、古人的所闻，古人浪漫的遐想，古人对他们生活忠实的描摹……

当我们更通透地了解了汉字的前世今生，更精微地探究了自己，也许才能更好地理解世界，理解天地与自然，进而齐心协力地营造有光与美照耀的新世界。

对一直"追踪"着"汉字叔叔"的人来说，《开学第一课》所讲的前半部分，没太多新鲜的"爆料"。没想到的是，这一期节目安排了一个插曲，给了观众一个小小的意外，也给了"汉字叔叔"莫大的惊喜。

叙述完"汉字叔叔"这一路的苦乐甘甜之后，主持人示意观众看大屏幕，一名男子出现在大家的视野中，他留着平头，三十有余，坐在轮椅之中。

他一开口，台下的李子就红了眼眶。这天，她特意穿了一袭粉红色的连衣裙，容光焕发地来庆祝"汉字叔叔"的"盛会"。一看见千里连线的这个人，她忍不住捂住了嘴巴，才止住即将到来的哽咽。

以平和的、欣然的语气，视频中的男子缓缓说道：

"斯睿德，你好吗？我是迪新，很久不见。很想念和你一起工作的时间，能和你一起为汉字做点工作，我觉得非常高兴。

"我作为古汉字的爱好者，从一开始，为了研究汉字的字形和字源，开始使用你的网站，到后来可以运用自己关于汉字和大数据的知识，跟你一起建设这个网站，我觉得非常开心。这么多年来，最让我感动的是，你本来可以选择更稳定的职业生涯，更富裕的生活，可是你却投入了自己的一生，用了全部的财产和几十年的时间，去研究汉字，即使几次心脏手术，也没能阻止你坚持下去。"

"你作为一个外国朋友，有着这样对中国文化的热爱，面对任何困难也没有放弃，你的精神激励着我，让我作为一个中国人，也开始为自己国家的文字，做一点工作，希望你能把我们热爱的汉字研究，继续坚持下去，即使我不在你的身边，我也会永远支持你，加油！"

简短、平常的话语，却令台下的李子肩头抽动起来。主持人极力劝慰着她，说"李子不哭"，她才没有泪雨滂沱。

李子站起来，告诉所有人，她哭泣的原因：

"因为我亲眼看到他们一起工作，知道他们的处境，看到画面，我就忍不住会……而且我知道迪新要录这个视频，一定是非常艰难的。他患有脊髓空洞症，基本上每天只能昏沉沉地睡几个小时。我记得有一次，他是在痛到不能讲话的状况下，依然强撑着跟'汉字叔叔'去沟通。他真的是非常无私地去帮助'汉字叔叔'的汉字研究。我感动于他们之间的友谊，因为汉字，他们相识。他们都是拿出自己全部的热爱，去挖掘中华文化中很宝贵的东西。"

"我有一个很好的朋友，他的名字叫颜迪新。""汉字叔叔"喜欢这样介绍这位好朋友。

"汉字叔叔"和颜迪新本质上有非常相似的一点，都是为了兴趣爱好而"痴狂"的人。他们因为对汉字的共同热爱走在了一起。那时，斯睿德还不是大名鼎鼎的"汉字叔叔"，而颜迪新浏览过他的汉字字源网之后，自告奋勇，愿意助他一臂之力。对这个自报家门为"精通 IT 技术、愿意帮助更新网站"的中国青年，斯睿德保持"谨慎的怀疑"。

信任和友谊于患难中建立。2012 年，斯睿德因签证问题差点离开天津时，是迪新写下了《请留下"汉字叔叔"》的短文，并公开在自己的博客上。这篇短文犹如一支穿云箭，带着呼哨声，发起"江湖救急令"，惊起了网友、传媒、院校、机构……后来，如我们所知道的，"汉字叔叔"被留下来了，他的汉字梦得救了。

迪新曾在国内学习物理，后学习计算机科学，并任职微软，曾获评"微软最有价值专家"，28 岁那年，这个前途无量的青年遭受了命运的暴击，他的脊髓里长出囊肿，只能与轮椅为伴，也不能在微软继续工作了。妈妈特地来到美国照顾儿子，经常按摩迪新的腿部，以减少抽筋和痉挛给迪新带来的痛苦。他们轻易不敢动手术，动手术的结果，可能治愈，但也可能造成更大的伤害——脖子以下的瘫痪。

这一切都没有磨灭迪新对生活和梦想的热爱。有一类人，生来就如夜光树，夜色低垂、清凉如水时，他们的枝杈朦朦胧胧地发出光亮，不仅映照出树木自己挺拔多姿的轮廓，也照亮了他人的世界、他人的路。

在戏剧般地扭转了"汉字叔叔"去留形势之后，迪新与"汉字叔叔"琢磨着，如何用最先进的电脑技术改进汉字字源网，将数据库从 2002 版本更新为 2016 版本。他们的工作时长，往往从上午 10 点持续到深夜 23 点。为此，迪新得克服他面临的巨大不适与疲劳。

最后他们"捧"出的，是焕然一新的网站。

"迪新是一个很了不起的人。"在介绍人物时，斯睿德第二次用到"了不起"这个词，第一个被他这样描述的人是编纂《说文解字》的许慎。

无论在中文世界还是英文世界，"了不起"都是个很"霸气"的词，它不会被用来形容平庸、困顿、得过且过的人，而是常被用来形容那些超凡脱俗、在艰难困苦之中还有所作为的真的汉子。

命运竖起了千峰万仞，"大道如青天，我独不得出"！可生活的半径并不由肢体决定，如果肢体不给力了，勇敢的人们还有大脑；如果大脑跟不上了，还有情感与心灵。半亩方塘，可见天光云影共徘徊。盈尺之地，有人思接千载，有人游刃于网络无疆；有人对着 14 英寸的屏幕，写下了皇皇巨著；有人透过门牖的缝隙，看到浩瀚星空珊瑚海洋。

第九章

这是一场双向奔赴

前面约略提到了"汉字叔叔"来到了南京。但他能在这个城市落脚、"定居"下来，不是一蹴而就的。

"汉字叔叔"这些年为研究汉字埋头苦干的故事，得到了包括央视在内的各类新闻媒体的报道，但能否定居，实际上没有想象中那么简单。

首先要解决"汉字叔叔"的工作签证问题，"汉字叔叔"那年已年近七旬，而按南京市的人事规定，原则上不允许公司／组织聘请年纪超过 60 岁的外国专家。如果想得到高校的聘任，必须拥有博士学位或海外知名企业高管的身份。"汉字叔叔"只有计算机硕士学位，他是在 20 世纪 80 年代就获得计算机硕士学位的，这已经很不容易了，他的专业技能，为汉字字源库的开发、研究工作奠定了坚实的基础。博士学位是个硬杠杠，没有它，意味着"汉字叔叔"与南京的高校无缘。

凡事，讲究天时、地利、人和。转机往往在最意想不到的时刻降临。

南京是文化名城，同时有着拥抱世界、拥抱未来的胸襟，在文化教育方面有丰富的资源和与之相对应的政策。这些年也围绕科技名城的建设开展了大量的工作，为科技创新创造了各种便利条件。

2019 年，被"汉字叔叔"的生存境况和独到贡献所打动，南京市一家高新技术企业聘请他作为专家并为他申请了相关签证。南京市有关部门根据相关政策进行了受理，最终审批通过。

2020 年 1 月，"汉字叔叔"作为江苏省 A 类人才被引进，困扰了他多年的工作签证问题终于得到了解决。

"筑得黄金台，引得凤凰来"，"汉字叔叔"能在南京定居，体现了南京市海纳百川、弘扬中华优秀传统文化、讲好中国故事的信心与理想。

随着国力的增长，中国在世界上扮演的角色越来越重要，中华优秀传统文化也会越来越受到世界的关注。这一代人要走进去，学会用西方的思维，把故事真正讲到西方人心里去，让他们发自内心地认同和理解。这样的传播才是有穿透力的，传播效果才会高。这不仅仅是几个人的事情，也是每个国人都责无旁贷的。

南京市对"汉字叔叔"的重视和引进，会吸引越来越多的外国友人向往中华传统文化，对汉字感兴趣。也许，不久的将来，在南京，在汉字研究领域，会涌现一批国际知名的专家，将汉字之美雅播四方。

2020 年 7 月，南京市给"汉字叔叔"颁发了"金陵友谊奖"。每年只有那些对南京的建设做出突出贡献的人士，可以获得这项殊荣。它代表了南京市对那些热爱中华文化的国际友人的高度评价！

终于，作为一个文化符号，一个代表，"汉字叔叔"得以自由自在地栖息在心爱的南京。

大家的共同信念，在人杰地灵的千年古城汇集——

让中华传统文化的菁华在新的时代绽放光芒，血脉传承不息！

择一事，终一生

无独有偶，对汉字研究抱有深切情感的，还有一人。当"汉字叔叔"的工作签证即将落地之时，此人正在首都北京，阅读着"汉字叔叔"的故事。

他是有着"中国雅思之父"称号的、新航道国际教育集团董事长胡敏教授。

多年来，作为第一批赴英探寻雅思的中国学者之一，胡敏致力于将优秀的中国学子送出国门，步入哈佛、牛津、剑桥、斯坦福等学府，"天近星辰大，山深世界清"。而2017年以来，胡敏聚焦的方向不知不觉中发生了转移，对中国根基、对"用英语讲述中国故事"的兴致，越来越浓厚。亲眼见证半个多世纪以来"天翻地覆慨而慷"的种种变化，亲身感受着"沧海桑田、换了人间"，一种澎湃的力量日益强烈地撞击着以英语教育为毕生追求的胡敏。

由于工作的原因，胡敏多年来穿行于中西文化之间，对"文化隔阂"的感受也越来越鲜明——一方面，中国的学者、媒体工作者孜孜不倦地将代表国外先进科技、文化的著作，译介给国内的读者；另一方面，国外的书店、图书馆中，关于中国的书籍却寥寥无几，西方主流媒体对中国的报道，也充斥误解与偏见。

对于这种"天堑"，胡敏觉得"必须有所作为"。他的这种追求，与著名翻译家、教育家严复的一系列主张及行动殊途同归。

作为清末极具影响的启蒙思想家，中国近代史上向西方国家寻找真理的"先进的中国人"之一，严复翻译了英国生物学家赫胥黎的《天演论》，创办了《国闻报》，主张变法维新，以救国图强。在其名篇《原强》里，严复也大声疾呼"优胜劣汰""物竞天择"的原理，并举进化论的奠基人、《物种起源》的作者达尔文的事例——

"英国动植之学者也。承其家学，少之时，周历寰瀛。凡殊品诡质之草木禽鱼，裒集甚富。穷精眇虑，垂数十年而著一书，又名《物类宗衍》。自其书出，欧美二洲几于无人不读，而泰西之学术政教，为之一斐变焉。"所以，国无恒强，民无恒弱，繁衍生息，荣枯不定，能够顺应大势、变革图强者，历经数百年而不衰，反之，则在历史的长河中逐渐消磨，失却声音。

清末民初，时代的洪流是向西方学习，西学东渐，以实现中国的独立、富强与现代化。而世易时移，到了 21 世纪 20 年代的今天，经过一代代人的砥砺前行，我们已身处百年未有之大变局，风云激荡，世界各国的综合国力对比正在发生深刻的变革。

这时的学人，该如何作为？

"消除西方话语体系的偏见与成见，让世界看到一个真实的、客观的、美好的中国，促进中华文化向世界传播。"成为胡敏心心念念的梦。

何勇是联合国中文组原组长，熟知"汉字叔叔"的故事。而胡敏给何勇留下深刻印象，源于胡敏随身携带的帆布袋。2018 年 8 月，二人在南京见面，何勇觉着，面前的这个人，哪里像一个执掌万人大企业的"霸道总裁"？分明是一个勤勤恳恳、老黄牛一般的书生，当所有书稿（指胡敏主编的《用英语讲中国故事》，人民出版社）完成后，他逐一打印出来装在一个帆布袋里，走到哪里带到哪里，随时审校。胡敏说："我们是在做一件前无古人的事情，这件事带着'中国'二字，容不得半点马虎。"

这股认真劲儿，打动了何勇。何勇向胡敏介绍了"汉字叔叔"。胡敏和"汉字叔叔"都深爱着中华优秀传统文化，都有一颗赤子之心，他们相识，顺理成章！

胡敏喜出望外。为了加深对"汉字叔叔"的了解，胡敏查阅了大量报道，阅读了几十篇文章，也观看了许多视频，最后被"汉字叔叔"创作的字源卡上一句话"一击命中"。

这句话只有简简单单六个字："择一事，终一生。"

"这句话深深打动了我，它让我认识到，'汉字叔叔'和我是同一类人，我们有相同的价值观。'汉字叔叔'为汉字研究花光积蓄，生活一度难以为继，却不改初心。而我，之所以能够从湖南农村走到北京，走向世界，也恰恰是因为在将近 40 年的时间里，始终坚守自己'做真正的英语教育，培养具有中国根基和全球胜任力的青少年，用英语讲好中国故事'的梦想。既然我们是同一类人，那何不携手，一起为了热爱和信仰而奋斗？"

2020 年 11 月 6 日，胡敏和"汉字叔叔"第一次见面；12 月 20 日，在南京中央饭店，胡敏代表新航道国际教育集团正式聘任"汉字叔叔"为新航道中国故事研究院的学术顾问。从第一次见面到签订聘书，仅仅用了一个半月的时间。白首如新，倾盖如故，有人认识了一辈子，却龃龉丛生，有人初次相见，却莫逆于心。求贤若渴之心，一见如故之欢，尽在其中。

在这次签约之后，新航道觅到了梦寐以求的文化瑰宝；对"汉字叔叔"而言，他从此之后也少了生活上的后顾之虞，可以专心从事他心爱的汉字研究。

"大家称您为'汉字叔叔'，希望以后我能称您为'汉字哥哥'。愿我们合作愉快，择一事，终一生。"胡敏握着"汉字叔叔"的手，仿佛握着跨越大洋的橄榄枝和穿越千年的苍劲的虬枝。两人对视着，笑声豪迈，空气也变得有温度。似乎有皑皑积雪从屋檐处簌簌坠下，一抬眼，山花次第开放的新春就将到来。

最美好的新年礼物！获得了中国绿卡！

"汉字叔叔"很喜欢在中国所过的新年。累计起来，他在中国也陆陆续续度过了十来个新年。在有的诗人笔下，岁暮将至，孤蓬万里，这时节是哀婉的、凄楚的，斯睿德却不以为意。他喜欢中国年各种各样的年俗，喜欢约上三五个小伙伴来他的小屋里一道儿庆祝，再"说文解字"一番，比如，一个"年"字的历史演变，经他一解说，趣味无穷：

> 这是古代的年。
>
> 在那个农业还不发达的时代，

人们一年只能收获一次谷物。

在丰收季，人们就会带着一年的收成回家。

从"年"的象形字中可以看到，

下面的人头上顶着成熟的庄稼，

正描绘了丰收季的景象。

其后是给英语阅读者的翻译：

This is the pictograph of "年". From this picture, you can see a man carrying some grain on his head. In ancient times, due to traditional agricultural systems, people could only harvest the grain once a year. As a result, this pictograph was used to describe the harvesting season.

这是他眼中"年"的演化：

后来"人"中又加了一横，是用来强调"一年"的意思。

而这是他眼中现在的"年"：

上下两部分合在了一起。

它既代表着丰收，

也代表着珍贵的时间。

把握当下时间，未来才会丰收。

You can see how the simplified character "年" gradually derived from the traditional one. Now, "年" not only means good harvest but also becomes a unit of time. It is of great significance to our lives.

他在中国台湾过过年，在北京过过年，在安徽过过年……每一个城市都带给他不同的感受，不同的文化体验。而 2021 年元旦，在南京所过的这个新年，于他是尤为特殊、尤为难忘的。

这一年，是他第一次持着"中国绿卡"在中国过的年！

他不再是孤苦伶仃的异乡客了！不再是"浮云游子意，落日故人情"中飘忽不定、忽东忽西的游子了！拥有了中国绿卡，意味着他从此可以"安定"下来，意味着他获得了在中华人民共和国永久居留的权利。

随着我国的高速发展，国力的日益强大，中国绿卡成为很多外国友人向往却极难获得的绿卡之一。2020 年 12 月 23 日，基于在传播中华文化方面的杰出贡献，"汉字叔叔"获得了这张梦寐以求的通行证。这是一张"名片"，也是一张"明片"，他的日子更加明媚起来，它也将像一颗流光溢彩的明珠，照亮他、陪伴他。

曾经用"乱"字来总结 2020 年的"汉字叔叔"，没想到在这一年结尾时，收到了这份礼物。"这是我最好的圣诞礼物和新年礼物了，也是最大的惊喜。有了它，我就可以安心下来继续研究汉字了！"

这一晚，他和李子快活地绕着家门口的仙林湖，走了一圈又一圈。这对忘年交，先是热烈地商议着要请哪些朋友，来家里过圣诞，要准备什么样的服装和零食；不一会儿，又异口同声地放声唱起琼尼·米歇尔（Joni Mitchell），加拿大富有传奇色彩的民谣音乐家，获"格莱美终身成就奖"，在 23 岁时写给友人的歌曲——*The Circle Game*。

傍晚时分的南京仙林湖，行人稀少，眼前的天地，仿佛成了他们的院落，沿途的花草树木，成了"私人定制"的密友，专心听他们放歌。歌声中回荡着欢笑也隐含了泪水，随旋律一同起伏的，是早已嵌入光阴里的平平仄仄、悲欢离合……

　　　　Yesterday a child came out to wander

　　　　昨天一位小孩来到世间溜达

　　　　Caught a dragonfly inside a jar

　　　　抓了只蜻蜓装进瓶子里

Fearful when the sky was full of thunder

天上轰隆隆的雷声把他吓坏

And tearful at the falling of a star

看到星星坠落又使他泪涟涟

……

So the years spin by and now the boy is twenty

时间就这样流逝，现在男孩二十岁了

Though his dreams have lost some grandeur coming true

虽然在实现过程中他的梦变得黯淡

There'll be new dreams maybe better dreams and plenty

但是在最后一轮年岁结束之前还有更好更多的梦在等着他

笑过哭过，还有这么一笔，不能忘记书写——

在得知自己有关中国绿卡获批的第一时间，"汉字叔叔"不假思索地给一个人发去了微信，与之分享了这个激动人心的好消息。对方先是诧异万分地问道："这是真的吗？怎么这样快？"继而在微信那端，送来一连串喜悦的笑脸。

猜到了此人是谁了吧？

对，他是颜迪新。

他是那个坐着轮椅、陪着"汉字叔叔"走了最远的路的人。

"我们都是小伙子呢！"

2021 年 5 月，斯睿德 71 岁了。

关于七十岁，中国有两段广为流传的古语，其一出自杜甫的《曲江》："酒债寻常行处有，人生七十古来稀"；另一句出自孔子的《论语·为政》："六十而耳顺，七十而从心所欲，不逾矩。"对于一向追求自由与梦想的"汉字叔叔"来说，七十更是一个"放飞自我"的年龄了。

酷暑炎炎，他跳进清澈的小池里，为网友们讲解"泉""原""源"的由来；新春将至，他去南京栖霞寺，了解"祈福""烧香"背后的民俗历史，并"拆解"了福字；中原辽阔，他赴甲骨文的发源地——河南殷墟，与殷墟博物馆的讲解员一起讨论"汉字里到底有没有圆圈"；为了理解"执子之手，与子成说"，他在玄武湖畔述说"结婚"二字的象形寓意和中国人独特的婚姻观念……

"汉字叔叔"就这样开始了他无拘无束，任意东西的七十之旅。

2021 年 5 月，他更是"任性"地与国内某位知名文化人"论战"了一番。看过他们的争论后，很多网友表示："没想到，一个外国老爷爷的汉字功底比那个中国人还要深厚。"

这位文化人，在某个节目中，曾下结论认为，我们的祖先造字的时候没有遵循一定的象形规则，把"射"和"矮"这两个字的字形字义搞反了。

"将'射'字拆开就是一寸身子，这一寸身子显然是矮的。而同样，'矮'字用拆字法，得到了左边的'委'与右边的'矢'。把箭扔出去，难道不应该是'射'字吗？"

因此，根据这一套分析，他得到的结论是，"'矮'与'射'的字形字义刚好搞反了。所以我们这个民族已经到发现明显的错误，却没有人去校正的状态。因为大家觉得这没有什么嘛，习惯了就好。"

"怎么可以这样理解呢？""汉字叔叔"觉得以上说法实在是荒谬、难以忍受，他告诉他的读者们，"如果你不想让这个人影响你的认知，你就不应该听他的，因为他告诉你的不是事实"。

"汉字叔叔"说出了他眼中的事实：

"'射'字最早的形态，左边是'弓'，右边是'手'，惟妙惟肖地描述了'拉弓射箭'的样子。在后来的演变中，才逐步变成了'身'与'寸'的组合。术语里叫作汉字的'讹变'。而'矮'左边的部分'矢'除了'箭'的意思之外，有另一层含义即'尺子'。矢，即箭，常常被拿来同另外一种武器——矛做对比，矛长矢短，因此字义便不难理解。"

有理有据！在网友们看了，这位外国老爷爷，不仅是"为汉字正了名"，而且是"为我们的民族正了名"。谁说我们的民族，就是习非成是、颠倒对错呢？

"我们在看一个和蔼老外纠正一个错误认知，并且学到了新的知识。"

"太专业了！一开始以为是个不会说汉语在学汉字的老外，然后发现我格局小了！"

……

这一番"开怼"后，"后果很严重"，"汉字叔叔"甚至收到了对方的律师函，表示要告他。但他不以为意："既然是文化探讨，自然要你说我说，他为什么要生气？"

纷纷扰扰、吵吵闹闹……

论战过后，风波散尽，"汉字叔叔"安安静静地守护着他心灵中的"敬亭山"。

"敬亭山"有实体，位于安徽宣城北郊，是一座历史文化名山；"敬亭山"也是虚指，代表中国文化名人心中的清幽栖息之地。"众鸟高飞尽，孤云独去闲。相看两不厌，只有敬亭山。"李白笔下的"敬亭山"，寄托了他的寂寞与孤独。而"汉字叔叔"的"敬亭山"，则寄寓着他对中华文化的守护与追寻。虽然清净悠远，却不令他感到孤独。

"采菊东篱下，悠然见南山。"他与那些超然世外、物我两忘的古人们一样在山山水水中觅得了无上的自在与快乐。

居住在仙林宝华，与美丽的乡村和原野一路之隔，周末，他便会从汉字中超脱出来，和李子骑行四五公里，看野花烂漫，观云霞舒展。两个人，两条狗，一辆自行车，一辆电动车，无拘无束，散逸天然。

> 这个周五，我们一起去了一个叫作(西岗)桦墅的村子，喝茶散步，并且遇到了袁奶奶。袁奶奶已经90岁了，但是依然可以照料好自己

的小花园，而且还会把吃不完的菜，拿到路边去卖。

袁奶奶看了我一眼，然后问我多大了，我说我 71 岁了。

她说："你还是一个小伙子呢。"（But you are just a lad.）

哈哈！这个词真好！"我还是个小伙子呢！"

人生七十古来稀？又有什么好畏惧的呢？！

生不知花到荼蘼，暮秋之际不知道岁寒将至，那是因为，心中永远怀有明亮炽热的热爱啊！

斯睿德有一个忘年交——英文翻译界的泰斗、北大新闻与传播学院的教授许渊冲先生。许先生垂暮犹少年，年过六十之后，依然坚持以"一年至少新译一本名著、出一本论文集、写一本散文集"的许氏速度，酣畅淋漓地书写着人生。

说"忘年交"，是因为二人年纪，相差了近 30 岁，可在斯睿德心中，许老就像个痛痛快快、可可爱爱、真真实实的小伙子！

2021 年 6 月 17 日，许渊冲老先生逝世。当天，斯睿德正坐在从南京赶往北京的高铁上，他百感交集地忆起心中那个学富五车、贯通中外的儒者和那个始终沐浴着朝晖的少年：

我的朋友许渊冲，我第一次认识他是在 2012 年前，他为我颁发天津卫视的《泊客中国》"中国因你而美丽"奖项。第二次见到他是在 2015 年，我们共同获得 CCTV《中华之光——传播中华文化》年度人物奖。我们就坐在一起，当时我们一起聊天。

他特别喜欢聊翻译。不过，他的牙固定得不是很好，当他讲话的时候，牙齿像是总要掉下来的样子。所以，他总要咬着牙齿，这样他就不会掉下来了。他的听力也不是那么好了，所以，你必须得特别大声跟他讲话，他才能听得很清楚。

　　他是一个让人印象深刻的人，尽管我们第二次见面时他已经94岁了，仍然如此有活力、充满智慧，活到老学到老。他影响了我的生活。

　　我们讨论了他正在翻译的一首诗。这是关于一匹无奈伏在马厩里的老马，一心想着出去驰骋玩耍的故事。

　　古人用飞出的矢作为长度测量的单位。而在斯睿德看来，人生如一支射出的箭，弓弦拉响后，生命质量的高低就不再仅仅取决于飞行距离的远近。这支箭的飞行姿态，是否意气风发、是否强健，它是否义无反顾地奔向自己的靶心……比取得什么样的结果更重要。

　　"生命不是你活了多少日子，而是你记住了多少日子，我不管还能活多久，认真享受每一天，做自己喜欢的事情就好。"

　　这是许渊冲老人的座右铭。如今，看着这座右铭，斯睿德仿佛都能看见老人隔着时空，顽皮地一笑。

　　他恍惚记起，2011年10月，天津电视台举办了"中国因你而美丽"颁奖盛典，许渊冲作为颁奖嘉宾给自己的评价："斯睿德对汉字的研究可以用三个字来概括：人、文、心。"

　　在甲骨文与金文的"文"字形中，有一个"口"字状的图案，代表着心，许渊冲诠释这个"口"字的内涵："'口'代表着要说出内心的思想。希望斯睿德能继续努力，为中国文化走向世界做出更大的贡献。"

　　在许老离世之日，斯睿德把汉字"世"送给他敬重、喜爱的朋友——

"世"

　　我的朋友许渊冲今天离开了生活的大地。"离世"的意思是离开生活的大地。

　　世界的"世"其实来源于繁体字"枼（ye）"的上半部分，表示树上的叶子。而"世"的古字形就像是叶子的形态，树叶在春天发芽，在秋天或是冬天凋零，因此，在春天时发出的新叶，就代表着生命。这就是"世"字的来源，但是不幸的是，我们总有一天，要离开这个世界。

活到老学到老，我总是这样对人们说。而许先生就是一位完全活出这种生命的人。他也活出了我的另一条座右铭，那就是找到你的热爱并且追逐自己的梦想，直到离开的那一天。

班门不弄斧！登上了中外语言交流合作中心的讲坛

"我欲因之梦寥廓，芙蓉国里尽朝晖。"在"汉字叔叔"看来，仪态万千的汉字就是他的辽阔山河，他愿意在这山河里，无忧无虑、无欲无求地徜徉。可他怎会想到，这汉字还会给他带来新的奇遇呢？

2021 年 6 月初，斯睿德接到了胡敏的电话："有个好消息告诉你，教育部中外语言交流合作中心打算邀请你去做一场学术讲座。讲座的对象，既包括那里的工作人员，又包括赴外进行外语教学的老师！"

虽然是个老外，但"汉字叔叔"对中外语言交流合作中心（以下简称语合中心）并不陌生，其英文全称是 Center for Language Education and Cooperation，简称 CLEC。该中心隶属于中国教育部，致力于为世界各国民众学习中文、了解中国而提供优质的服务，为中外语言交流合作、世界多元文化互学互鉴搭建平台。著名的国际中文教师考试、外国人中文水平系列考试、"汉语桥"项目，均由其组织实施。

"这是汉语言文化对外交流的最高殿堂。"知悉此事的朋友们告诉他。

6 月 18 日，"汉字叔叔"在朋友们的陪伴下，来到了语合中心。在他看来，这里不像"殿堂"，因为它不是那么高高在上。各国国旗排列于前厅，像齐齐整整的一家人，这意味着多元的世界、多元的文化，和谐相处。"天下兼相爱则治，交相恶则乱"，唯有"各美其美，美人之美，美美与共"，方能"世界大同"。

讲座地点位于二楼。在二楼一角，矗立着他熟悉的老人家——中国儒家学派的代表人物孔子的雕像。孔子曾说："知之者不如好之者，好之者不如乐之者。"

的确，探究一样事物、钻研一门学问，有时需要付出一生才能略窥门径；钻研者的意志要像磐石一样毫无转移，才能从被淤泥和藤蔓遮掩的深井中，开掘出稀世的珍宝。他是乐之好之，痴迷了大半辈子，才机缘巧合来到了这里。

担心"汉字叔叔"会紧张，李子一脸"担忧"地看着他，掐着表准备计时……毕竟台下都是汉语言学习与授课方面的专业人士，万一班门弄斧，露了怯，画面不敢想！再说，"汉字叔叔"毕竟是位外国人，他"口音浓郁"的中国话，不知道大家听不听得懂！与前几次上央视节目不同，这次没有彩排，没有预演，全凭"汉字叔叔"临场发挥。

"汉字叔叔"，看你的了！

斯睿德的表现出乎大家的意料。

预想中的紧张，他丁点儿都没有，对着 PPT，侃侃而谈。他讲到他 7 岁时的爱好——收集硬币，因为他觉得每枚硬币都不是孤零零地存在于世间，而是与这个世界有着隐秘的联系，硬币能买什么？谁触摸过它？它曾去过哪里？都引发了他无尽的思考。

他讲起童年时遇见的女孩，那个女孩用他完全听不懂的语言，讲述了一个有趣的故事，那一瞬间，他的好奇心就此燃起，希望有一天也能用那门"外语"去思考和学习，这门"外语"就是中文。

他讲起 40 岁时的生命之问，如果确定生命只剩一天、一年、40 年，要去做什么？

他讲起 2008 年失业之后，只能住在小房子里，睡在地板上，唯有书籍和网站是朝夕相处的伙伴……

一路走来，他遇见了奇人、奇事、奇景；也遭遇了寥落、冷眼与孤清。但这一路，也有素不相识的人给予的帮助、真挚无悔的陪伴、"山重水复疑无路"时的驰援、"柳暗花明又一村"式的点拨……他是一个人，他又不是一个人，他来自遥远的国度，却在原本陌生的中国，与太多人一见如故。"人生不相见，动如参与商"，说的是知己远隔天涯，心有灵犀却无法相会，于他，则是"神州光风霁月，桂子飘香，相知古道热肠"。

当然，如果缺乏对汉字的解析，那他就不是"汉字叔叔"了！讲座中，斯睿德还穿插了对古汉字的分析，比如"友""犬""艺""月"。他问在座的听众："你能辨认出这些古代汉字在现代是什么字吗？"

不出意外地，这个"坏蜀黍"又把大家难倒了！

语合中心主任马箭飞听后分享自己的感悟："'汉字叔叔'是我见到的第二位对汉语言、汉文化研究得如此深入的人。第一位是施舟人（1934—2021，是欧洲三大汉学家之一）先生，著名的汉学家，被誉为'欧洲以至全世界从事道教研究的第一线人物'。今天听完'汉字叔叔'的讲座，我有一个很深切的感受，一个外国人为了研究汉字，花费了如此之多的精力，对汉字的理解如此深入，而我们这些从小讲中文的、学中文的中国人，还没达到这个程度，我觉得有些惭愧。"

"汉字是我们习以为常的，汉字中蕴藏着古代中国人的生活、智慧、哲理、逻辑，可为什么一个外国人能比我们很多人更了解我们自己的语言和文化？一个美国人，不远万里来到中国，他本来不会汉语，自己学习了汉语，又将几万个汉字搬到网站上，实现自动化、信息化，是什么支撑他走这么远的路？"

马箭飞主任的疑问，恰好也是大家的疑问。

"吾不能变心而从俗兮，固将愁苦而终穷。"2300年前，屈原在《九章》里叹道。人世间，往往有一类人，是难以被理解的，注定要选择一条不同流俗的道路。你看屈原，身为楚国的贵族，明明可以和同僚一样，过着锦衣玉食、燕舞笙歌的生活，却主张任贤能、明法度、联齐抗秦，结果被排挤。被流放之后，屈原仍心念故国，最后自沉于汨罗江；你看张衡，好好的清闲官儿不做，甘冒"欺君之罪""造谣惑上"的风险，也要告知满朝君臣，地动仪监测的结果："京师正西方向发生地动，那里必是房倒墙摧，江河横溢生灵涂炭，万请陛下速派员安抚，以救民于水火。"

而"汉字叔叔"身上也有这样一种特殊的精神。不过，他的初心没有那么复杂、悲壮，他是举重若轻的，他是始于爱好终于爱好的，他听从心灵深处的呼唤，兴之所至，穿越东西，走过了全世界。

马箭飞感慨道："我觉得他第一是有梦想，一个人，如果想办成什么事儿，先得有梦想，哪怕这个梦想，最初看起来有些疯狂；第二是要持之以恒地追求这份梦想；第三是要在此过程中，能够忍受困苦、孤单直至战胜逆境。'汉字叔叔'实际体现的是当代从事跨文化交流、跨文化传播这样一类人身上稀缺的品质。从'汉字叔叔'身上，我也感受到了，人生的价值何在？'汉字叔叔'那个'生命之问'对我很有启发，人生为一大事而来，这件事如果对我们个人有意义，对他人、对社会有意义，那么我们就要为了这件事，一往无前。"这是马箭飞的解读。

这评语，连同在座的老师们的掌声，回荡在语合中心……这群老师即将奔赴海外，从事外语教学。

"志之所趋，无远弗届，穷山距海，不能限也。"当那个小男孩怀抱着学一门"外语"的初心兴高采烈踏上旅途时，他不知道大洋的另一端，另一群鱼儿正向他所在的大陆游来。生灵和生灵之间永不止歇的洄游，构成了这个星球循环不已的主题。

这是一场互不知晓却终将相遇的双向奔赴。那些因种种原因造成的成见、偏见、禁锢，阻隔不了人类彼此探究、彼此了解的天然吸引……

无论是左边的路，还是右边的路，我都追随我的梦想

至此，斯睿德的故事也即将接近尾声。

在笔者心中，这近 10 万字的书稿，具备两个方面的意义：第一，它描绘了"汉字叔叔"对汉字研究的热爱、对中华传统文化的探寻；第二，它传递了"汉字叔叔"给我们带来的跨学科的启迪。本质上，"汉字叔叔"更像是一个在标准化的时代用"非标准化"的方式实现梦想的"突破者"。

当我们被人群及各类喧嚣声裹挟得头昏脑涨时，当我们每天活在"庞大分母"带来的焦虑中时，当我们迫不及待地投身于这样那样的风口时……真的可以静下来读一读"汉字叔叔"的故事，看看他如何响应自己的"内在驱动"（Inner Drive），走出独特而精彩的人生路。我们不妨再体察一下自己那些真实的渴望，发现自己独到且擅长的地方。并不是人人都走的路才是最好的路；能让自己怡然自得、愿意持久付出、并把握好节奏的，也许才是和自己最匹配的赛道。

最后，让我以一段与"汉字叔叔"的对话，作为收官吧。愿我们都能像"汉字叔叔"一样，在万千浮华中笑盈盈找到真心所爱，在观天望海之外乐呵呵不惧风雨迷航。愿我们都以自己喜欢、自己能够、自己愿意的方式，度过这一生。

因为我们只有这一生。

笔者：您的很多人生选择，跟很多美国年轻人是不一样的。现在很多中国的年轻人，无论是 00 后、95 后、90 后，也有自己的梦想和兴趣，想像您一样环游世界，找寻自己的方向。但是很多年轻人想先把物质的问题给解决掉。您现在生活在中国，也算半个中国人，从您个人的经验和角度来看，对年轻人有没有什么建议，能减轻存在他们身上的焦虑感？

斯睿德：我们一辈子，时常要面临十字路口的选择，左边的路，

还是右边的路?但选择之初,我们不确定哪条路是好的,可能会选择错误的路。不管哪条路,都有可能生活得很辛苦。我曾经也生活得很辛苦,不是那么容易,可我觉得每个人都应该选择他们自己真心向往的道路,不一定要严格地遵照其他人的期许。我没有孩子,没有自己的家庭,有的人问我有没有后悔,可是后悔没有用,我也不会后悔。

每当我不知道是这条路好走,还是另一条路好走时,我都追随我的梦想。但追随梦想,不代表是盲目的、不经过思考的,你还是要认真地思考,慎重地做出选择,然后坚定地走下去。可以听从别人的话,但更重要的是自己的方向。

笔者:这种坚持特别难得,有时会备受煎熬。

斯睿德:我妈妈知道我跟爸爸关系不好,知道我要出走,就对我说:"如果你跑掉的话,我会自杀。"可我的生活是我的生活,不能让妈妈控制我。我当然希望妈妈好好活着,可我还是得跑掉。妈妈后来也接受了我的选择和生活。

我有些年轻的中国朋友,有他们自己的爱好,他们的父母起初是很不高兴的,但慢慢地也学会了理解和接受。这是孩子自己的选择,无论怎样,他们都还是自己的儿女。如果父母真的爱孩子,就会原谅和接纳自己的孩子,最终理解和尊重孩子的选择。如果他们不是真的爱孩子,那这个转变是很难完成的,但我相信99%的父母最终都会拥抱自己的孩子。

笔者:这些年来,您有过不少高光时刻,自己从内心感到非常幸福的时刻有哪些呢?哪些时刻让您觉得找到生命的意义、生命的存在感?

　　斯睿德：有很多。19 岁的时候，我要去看世界，我的梦想是去非洲，但没去成，最终去了波士顿和加拿大，过得非常辛苦。后来，我又回来读了一年的物理。

　　后来我去了中国，非常开心。中国是一个跟美国完全不一样的国家。我去过加拿大，但我不认为这是真正地离开美国。因为加拿大很多方面和美国差不多。

　　在北师大教物理，拿到工作签证……这些也让我很高兴。2020 年 12 月 23 日上午，领到了盼望已久的外国人永久居留身份证，也就是中国"绿卡"，我更高兴。

　　走遍千山万水，我品尝过很多种味道，听过千百个故事，尝试着与不同语言的人交流，给不同肤色的孩子讲过故事……最后，我找到了落脚的地方，这是生命地图标记好的"安排"。中国南京就是我的家，我会一直在这里工作、生活下去，继续研究汉字文化，也向世界推广汉字文化！

"汉字叔叔"画的字形演变过程

年

女

犬

人

身

生

矢

先

乡

燕

"汉字叔叔"讲故事

〔美〕理查德·西尔斯（Richard Sears）

接下来即将进入"'汉字叔叔'讲故事"的时间。

一个个古朴旷远的古文字，由"汉字叔叔"绘声绘色地"拆解"；一段段文字背后隐藏的历史渊源，在他笔下栩栩如生地复现。

从中我们能获得三种弥足珍贵的体验。

一是趣味性，正如他亲笔绘制的古文字图片一样，他从一个老外的视角，提供了与我们这些当局者不一样的解读。他把汉字融入生命，也把生命中每一个憨态可掬、童真可爱的事物，用汉字来述说，如小狗晃晃和抱抱。与文字技巧娴熟、中文功底高深的母语写作者相比，"汉字叔叔"的行文，是简单的、率真的、随性的，甚至有些笨拙的，唯其如此，才凸显出一份特别的意味，浑金璞玉，自然而然。

二是逻辑性，在他眼中，汉语言文字从结构到演变，绝非零零星星七拼八凑、任意而为，古文字的渊薮是一门科学。"我们试着在古老的生活中体会造字者的本义。汉字不仅仅是字，还是思维逻辑的体现。"

三是对生命的认知。这一点的重要性或许还超越于前二者。这位年逾古稀的老人，觉得自己九十岁才会退休，不是为生计所迫，"而是我想，那是因为我们喜欢我们正在做的事情，而不是因为我们必须要工作"。

我们到这个世界上走一趟，不过区区数十年、上百年的光景，总要奋力为自己的心活一回，做真正喜欢的事情，朝着它奔跑。南方有鸟，其名为鹓雏（yuān chú），"发于南海而飞于北海，非梧桐不止，非练实不食，非醴泉不饮"（《庄子·秋水》）。神鸟鹓雏，传说中的五凤之一，披金戴红，一心朝着心中气宇轩昂的梧桐与甘冽清澈的泉水而飞。

"汉字叔叔"完成了他的"飞行之旅"，从西飞到东。

那么，你呢？我呢？

那些在现实的灰烬中，理想仍留余温、等待燃烧的人们？

李 纯

撰于 2021 年

北京海淀

故事一

羊：羔国？美国？

羊（yáng，goat）羋 羊 ↑

羊 is the usual character for goat, but sometimes you may see it as 羋 or 羊, if it is a component in another character.

"羊"表示羊这种生物，但是有时候它在其他汉字中作为构件出现的话，可能会写作"羋"或"羊"。

Some people think that 美 comes from a person 大 and a goat 羊.

有的人以为"美"来自一个人"大"和一只羊"羊"。

What is beautiful about a person and a goat?　美 actually comes from a pictograph of a person with a head dress of feathers. You can see from the picture below.

那么人和羊的组合又有什么美丽可言呢？我想"美"的字形像是一个人，头上戴着像羽毛一样的装饰。

美
seal（美，篆文）

美
oracle（美，甲骨文）

从这两种古代字体都能看出它像是一个人戴着头饰的样子。

Calligraphers are artists. One calligrapher I know wrote something about America 美国 . I pointed to the character for 美 and asked the people in the room if there was anything wrong with the character. No one thought there was anything wrong with it. No, of course not, it was written by a famous Chinese calligrapher.

书法家就是艺术家。有次我碰到了一位书法家，他写了一些关于"美国"的字。我提出其中的"美"字有误，并且问了在场的其他人对这个字有何意见。没有人觉得有什么问题。是的，这当然没问题了，因为这是一个有名的书法家写的。

I said 美 comes from a 大 and a 羊 which means beautiful. The calligrapher said yes, but a roasted 火 lamb 羊 also looks beautiful.

我提出"美"应该写作"羊"和"大"，意思是美丽。这位书法家说，这样写也可以啊，"火"烤着"羊"也很漂亮美味啊。

I said, yes, but 羊 plus 火 equals 羔 gāo, comes from 羙 and means lamb stew. It is a fire 火 under a lamb 羊 .

我说，是的，但是"羊"和"火"其实组成了"羔"字，较早的字形是"羙"，意思是炖羊羔。这才是"羊"下面有"火"。

You may not have noticed above that when I wrote America I wrote 羙 国 It should be 美国，羔国 of course would look rediculous.

你可能注意到了上面我写到的，"美国"应该写作"美国"，"羔国"当然看起来很荒谬。

羊 is a productive phonetic, as in 洋 which means Ocean.

"羊"作为一个常见的声旁，比如说在"洋"这个字中，意思是海洋。

The Chinese character for ocean is 洋 , in this case 羊 is a phonetic. We have a big ocean called the Pacific Ocean. Its name comes from Latin. Ferdinand Magellan, the first person to circumnavigate the earth after getting through the Strait of Magellan came to a peaceful ocean which he called "Mare Pacificum", which means the peaceful ocean in Latin. In English it is called the Pacific Ocean. At that time the Chinese called it the Cang Ming Zong（沧溟宗）. The modern Chinese name is a translation of Pacific Ocean(太平洋).

中文海洋的"洋"字，"羊"是一个声符。有一片巨大的海被称为太平洋。它的名称来源于拉丁语。斐迪南·麦哲伦，这位首次完成全球航行的航海家，在穿过麦哲伦海峡之后，进入了一片平静的海面。他将这片海称之为"Mare Pacificum"，拉丁语的意思是"平静的海"。在英语中，我们称之为"Pacific Ocean"。而在那个时候，中国人称之为"沧溟宗"，而现在中译文为"太平洋"。

故事二

牛：完整生活单元 =

一头牛 + 一个妻子 + 一块地

牛（niú，cow）牜屮

Always think about the character and try to convince yourself that it is what they say it is. What we see here is the horns and the ears and the nose of a cow 牛.

我常常思考汉字，并且试着让自己相信它就是大家所说的那样。在这里我们可以看到牛的角、耳朵，以及牛的鼻子。

牛 is the regular character for cow, 牜 is how we write cow when it is a component and 屮 is a component that only appears in the character 告.

"牛"是表示所有牛的一个统称，"牜"是当它作偏旁时的写法，而"屮"则只作为构件出现在"告"这个字中。

There are several characters that are composed of 牛.

下面要讲几个由"牛"构成的汉字。

件（jiàn，a unit）𠈉

件 means a unit. It consists of 亻 and 牛. In the old days, most Chinese were farmers. In America we have the saying："All you need to be a complete unit is a cow and a wife and a piece of land. The wife is optional."

"件"表示一个小的单元。它由"亻"和"牛"构成。在古代的中国，大部分的

160

人都是从事农业的。在美国，我们有句老话说："你所需要的一个完整的生活单元只是一头牛、一个妻子，还有一块地。妻子可要可不要。"

告（gào，to tell）

告 means to report. It consists of a cow distorted 牛 and a 口.

"告"表示报告。它由一个变形后的牛——"牛"，以及"口"构成。

When studying the origin of Chinese characters, we have several dependable sources from which we get REAL ORIGINAL information, like pictures of the characters. One of these sources is from 《甲骨文合集》.

当研究汉字来源时，我们有一些可靠的原始资料来源，从这些文献中，我们可以找到目前最早最为准确的信息，像是一些甲骨文拓片。而我们下面所举的其中一个来源出自《甲骨文合集》。

We also have various sources, mostly from scholarly journals, called peer-reviewed journals from which we can get the latest hopefully well-thought-out ideas from people who actually look at the original oracle bones. This is an article on the character 告, like this article 《殷墟甲骨"告"类刻辞考论》.

我们也查考了其他的资料，大部分是一些学刊杂志，这些是属于同行的见解。通过查找这些资料，我们可以获取最新的比较全面的一些观点，那些观点的作者都真实仔细地查考过最初的甲骨文，例如有一篇关于"告"字讨论的文章标题是《殷墟甲骨"告"类刻辞考论》。

Nowadays we have the word 告诉 which means "to speak". In the oracle bone characters, 告 was used as a term for a type of sacrifice to the ancestors. We find the following sentence on one of the oracle bones.

现在我们常说"告诉"，它的含义是"向某人诉说"。在甲骨文中"告"常常用来表示一种向祖先献祭的重要仪式。我们可以在这片甲骨中，发现这样的文字。

In the Shang Dynasty we had 31 kings as follows: Tang, Taiding, Waibing, Zhongren, Taijia, Woding, Taigeng, Xiaojia, Yongji, Taiwu, Zhongding, Wairen, Hedanjia, Zuyi, Zuxin, Wojia, Zuding, Nangeng, Yangjia, Pangeng, Xiaoxin, Xiaoyi, Wuding, Zugeng, Zujia, Linxin, Kangding, Wuyi, Wending, shangyi, Dixin.

商共有 31 个王：汤、太丁、外丙、中壬、太甲、沃丁、太庚、小甲、雍己、太戊、中丁、外壬、河亶甲、祖乙、祖辛、沃甲、祖丁、南庚、阳甲、盘庚、小辛、小乙、武丁、祖庚、祖甲、廪辛、康丁、武乙、文丁、商乙、帝辛。

太甲 and 且（祖）乙 ware both Shang Dynasty kings .

太甲和且（祖）乙都是商朝君主。

告于太甲、且（祖）乙 means that a cow was offered to the dead kings 太甲 and 祖乙 .

"告于太甲、且（祖）乙"这句话的意思是，将牛作为祭物献给神祖太甲和祖乙。

In ancient times, Chinese worshiped their ancestors, including previous kings. It was believed that the ancestors could help them from the afterlife. People sacrificed the cow 牛 as a way to talk 口 to the ancestors.

在古代，中国十分尊崇先祖，尤其是逝去的帝王。他们坚信，这些先祖们的灵会保佑帮助他们。人们献牛做祭祀，作为与祖先交流祈福的一种方式。

In any case，it came to mean to tell people something, or to report to.

不管怎样，它主要被赋予引申义，表示去告知某人或是禀告某事。

牢（láo，penned animal）

牢 means a stockade 宀, for keeping animals, like 牛, or prisoners, like 监牢. It means a penned animal, not necessarily a cow.

"牢"可以说是围起来的栅栏"宀"，用来关住一些牲畜，比如牛，或是用来关人的监牢。牢里的动物，不一定仅指牛。

In the oracle bones, it was also used as a kind of sacrifice. There is a sacrifice called 三牢, which is a sacrifice of a pig, a goat and a cow, three types of penned animals.

在甲骨文当中，它表示一些将要献祭的动物。"三牢"是古代祭祀时，关起来以准备作为祭品的猪、羊和牛。

As we can see in the following classic, 太牢 refers to the sacrifice of a cow.

正如我们在《礼记·王制》这本经典中，也提到了"太牢"这个词，特指用牛作为祭物。

牧（mù, shephend）Ұ攴

As for 牧, which means to tend to the cows, on the left, we have a hand with an instrument. In this case, it would be a stick. The modern character looks like 攵 pronounced pū. The older character looked like 攴. It is clear that it is a hand holding a staff. It was used to control the cow 牛.

"牧"这个字，意思是放牧，在它的左边，是一只拿着工具的手。根据字义，应该是一只棍子。现代汉字写作"攵（pū）"。它原先的字形写作"攴（pū）"。很显然这样看起来更像是一只手握着棍棒，用于管制这只牛。

牟（móu, moo）牟

牟 is the sound a cow makes. If you see a 厶, it usually comes from a mouth. You can see the cow is saying moo.

"牟"即牛发出的声音的样子。如果你看到"厶"这个构件，它通常表示口中所发之气。你几乎可以想象到牛在发出"moo"的样子。

故事三

王：伟大而重要的人

王（wáng，king) 王王

The seal character for "king" is very similar to the seal character for jade, see below. The difference is that in the seal character for king, the middle line is slightly above center. The bronze character for king often has a curved bottom. And the oracle character is very similar to the character for 立.

Most people think it is an ax head indicating a symble of authority. This idea probably comes from an analysis of the character for father 父. The actual character comes from a modification of 大 standing on the ground, indicating a big or an important man.

"王"字的篆体与"玉"的篆体看起来非常像（下面几篇文章里会提到玉），它们的区别在于，"王"字中间的一横稍偏上。

王
seal（王，篆文）

王
bronze（王，金文）

它的金文字形特征是最下面一横稍向上弯起。

oracle（王，甲骨文）

而它的甲骨文很像"立"字。

大多数人以为"王"字像一把斧头，象征着权威。这个想法大概是受"父"字的释意启发。但我认为实际上它是"大"字的变形，像一人直立在地上，表示伟大而重要的人的形象。

立（lì，to stand）

立 means to stand. It is a pictograph of a man standing on the ground. I think 王 is actually a version of 立 indicating a big or an important man.

"立"的意思是站立。它像是一个人站立在地面上的样子。我以为"王"的字形应该是人"立"的样子，伟大而庄重。

seal（立，篆文）

oracle（立，甲骨文）

主（zhǔ，lord）

主 looks like it should have something to do with 王, but doesn't. But the
主 in 往 does have something to do with 王. 主 now means "lord", but it was
originally a pictograph of an oil lamp which showed the way, kind of like a "lord"
is supposed to show the way. The original meaning of 主 is now seen in 炷.

"主"字看上去与"王"字很像，但实际上它们并没有什么关系。但是"往"字
中的"主"却是与"王"有关系。"主"现在的意思是主人、君主。它的古字形就像
是一盏照亮人前行道路的灯，于是可以理解为"神主"（君主）指引着人们前方的道路。
原来的"炷"字就表示"主"的本义。

seal（主，篆文）

往徃（wǎng，to go forward）

There is another character that has 主. 往 has had many variant forms over
the years. It took a while to finally figure out which one was the original character.
Each variant character seemed to have its own logic. So, rather than mention all
the variant characters, I will just go straight to the correct explanation.

另外一个含"主"的字是"往"字，多年来，"往"有很多的异体字，需要花不少时间才能找到它真正的字形。而它的每一个异体字本身似乎都是有逻辑的，在这里我不再陈述所有的异体字，就直接来说它的正确解释吧。

The current character 往 came from 徍. We see in the character 徍 that 彳 chì is half of a street intersection, so 徍 has something to do with motion. But what is 坒 wang?

现在汉字"往"是由"徍"演变而来。我们可以看到在"徍"这个字中有"彳"这个构件，读作（chì），它的意思是半边十字路口，所以"徍"是与移动相关的。那么，"坒"又是什么呢？

往

seal（徍，篆文）

We find the oracle bone character as shown above and we can see it must have come from 坒. It has a 王 on the bottom, and a foot, 止 on top. The 王 is probably a phonetic, so you know it is pronounced wang, and the 止 indicates that it has something to do with motion. The 彳 was added later to make it clear that there was motion.

当我们在甲骨文中，看它的最初的字形，可以知道它右侧的构件是如何从"坒"演变而来的，进而逐渐演化为今天我们所看见的"主"的。

oracle（往，甲骨文）

坒 坒 坒 坒 坒 坒 主

　　"往"的甲骨文下面是个"王"字，上面是一只脚，即"止"这个字。"王"在这里表音，所以这个字读作"wǎng"。并且这只脚实际上是表示它与移动相关。而后来人们加了"彳"这个构件，也主要是强调它与移动相关。

往
"前"
走

故事四

田字头："萬"物相同，同中有"異"，

"萬"物有"異"，"異"中有同

When we see a particular character component, it does not always come from its stand-alone meaning.

当我们看到某一个特定的汉字构件，并不一定是来源于它的独体字含义。

For example, the character 田 means "fields" and looks like rice fields.

如，汉字"田"的意思是田野，而它看上去的确像是纵横的稻田的样子。

I like the phrase from Zhuangzi, "All things are same, but within their sameness lie their differences. All things are different, but within their differences lie their sameness."

我很喜欢庄子的一句话，"万（萬）物相同，同中有异（異），万（萬）物有异（異），异（異）中有同"。

All things are same, but within their sameness lie their differences.All things are different.

所有的事物都相通，但是在相通之处亦有不同。

All things are different, but within their differences lie their sameness.

所有的事物都不同，但是在不同之中有相通之处。

This phrase has affected my life. When you go to another country, you find there are many differences, but if you look deeper, you find that most things are the same.

这句话影响着我的生活。一方面当你到了另外一个国家，你会发现有那么多的不同之处，但是如果你再深入了解一些，你会发现大多数的事情是相似的。

On the other hand, you may think that all your friends are the same, but if you look deeper, you will find that they are all special.

在另外一方面，你可能会觉得你所有的朋友都差不多，但是如果你再深入地去了解，会发现他们各自有特别之处。

異 異（yì）"different"

seal（异，篆文）

oracle（异，甲骨文）

异（yì）"to lift"

seal（异，篆文）

異 means different. We have a man with his hands up to his head. The meaning is "different". In fact, he is putting on a mask on his face which changes his face and thus makes him different.

繁体字"異"（简体字为"异"）的意思是不同的。我们看到一个人，他的手举过了头顶，就有"不同的"含义。而实际上，它的字形应该解读为一个人将面具戴在自己的头上，这样可以改变他的面貌，因此使之异于平常。

异, the simplified form. It looks like it may be some kind of cursive simplification of 異, but it isn't. It is a different character which originally meant "to lift" according to 《说文解字》. 异 is two hands 廾 on the bottom, indicating lifting and the phonetic 已 on top. It was borrowed only for its sound.

"异"是它的简化字。看上去是繁体字"異"的某种草化的形式，但其实不是。"异"是另外一个汉字，根据《说文解字》来看"异"字本身的意思是"上升"。它的字形是两只手在下面，表示举起的动作。而它的声符"已"则在上面。因为发音与"異"相同，因此被借用来作为其简化形式。

畏畏（wèi）"fear"

seal（畏，篆文）

bronze（畏，金文）

oracle（畏，甲骨文）

畏 comes from a man with a weapon and a mask, or an ugly face, and he is carrying something. It means "to threaten or to be threatened by or to be afraid of". If you see a 田 for a head, sometimes it is a bad thing.

"畏"来源于一个人拿着兵器和面具，或者说这是一张丑陋的鬼脸，并正在做某个动作。表示"去威吓或是觉得恐惧害怕"。如果你看到一个字上面有个"田"字头，有时表示不好的事情。

畏首畏尾 wèi shǒu wèi wěi means filled with fear from beginning to the end.

"畏首畏尾"的意思是对于某事怕前怕后，顾虑太多。

故事五

望：我们可以借着月光看见

望 叟 堅（wàng）

望，means "to look at or look for". Note that in the modern character we have the phonetic 亡 wáng. On the bottom, there is a 王 wáng. But it is not really a 王 wáng or a 壬 rén. It is supposed to be a 壬 tǐng.

"望"意思是"去看"或是"翘首以盼"。注意在现代汉字"望"中，它的表音符号是"亡"（wáng）。在它的下面，是一个"王"（wáng）字。但其实那根本不是"王"（wáng）也不是"壬"（rén）。它的下面应该是"壬"（tǐng）这个字。

There is also a 月 yue which means "moon". An older character has the character 臣 chén, which is an eye, and an even older character has no moon.

当然它还包含"月"（yuè）这个构件，表示月亮。在一种较早的字形中，其实有"臣"（chén）这个构件，"臣"其实是一只眼睛的样子。在更早的字形中，连月亮也没有。

In ancient times a moonless night meant you could not see at all. If the moon was out, you can actually see pretty well at night. The character indicates the 15th day of the lunar month when the moon is full and thus you can see.

在古代，没有月亮的晚上意味着你什么都看不到。如果月亮出来了，那么你就可以看得清了。"望"其实指在每月农历十五日，一轮圆月出来，月光铺洒大地之时，我们可以借着月光看见周围事物。

"望月Wàngyuè"refers to "full moon," "朔月 shuòyuè"usually was translated

174

as "new moon" but literally means "dying moon". This is not surprising, because as soon as the dying Moon passes the Sun, it immediately becomes the new moon. New moon and dying moon are basically the same thing. Also it is nice just to look at the moon.

"望月"指的是"满月"，"朔月"意思是即将看不到的残月，当然也等同"新月"的样子。因为当一轮旧月消失时，一轮新月即将诞生。当然，仅是赏月就很美好。

On the bottom of the seal character, you can see the man standing on the dirt 土 . In older characters, he is standing on the ground. In the oldest character, it is just a man.

在"望"字篆体的下面，你可以看到一个人站在"土"之上。

seal （望，篆文）

在一个更早的字形中，他仿佛是站在地上。

bronze （望，金文）

在最早的甲骨文字形中，有的下面只有一个人，有的下面有一堆土的样子。

oracle （望，甲骨文）

Note that in the seal character, the dirt becomes a line, and in the bronze character it becomes a dot and only in the oralce character can you see the round shape of the clay on the potter's wheel. Sometimes you can not see the potters wheel line on the bottom. The exact components are somewhat flexible over time, but the meaning is still the same.

注意在篆体中，这块土变成了一条线，而在金文中，变成了一个点。而只有在甲骨文中，你可以看到下面的"土"就像是陶轮及其上陶罐的组成的图象。有时候你无法看到在下面的陶轮的样子。汉字的构件在不同年代写法不同，但是它的含义却是一样的。

臣 may be hard to recognize as an eye, but it is a sideways eye, quite common in many characters.

"臣"的样子，一只眼睛，可能不容易辨认，它其实是只侧视的眼睛。这种情况在汉字中十分常见。

Now I will give my rule 1 for Chinese characters and give 土 as an example.

The original Chinese pictographs were of

1. Simple objects ;

2. Everyday objects;

3. Concrete objects.

我在这里向大家说明一下我研究汉字的准则，并且就拿"土"字举例来说。

最初的中国象形文字是：

1. 简单的物品；

2. 日常所需物品；

3. 具体物品。

These objects represented more abstract objects.

这些物品可以用来表示一些抽象的事物。

I have been thinking about this for 30 years.

对此我已思考了超过 30 年的时间。

I ask myself what these objects really are.

我问我自己到底汉字中的奇妙图形画的是什么东西。

You cannot draw a picture of a pile of dirt. No one will know what is, but you can draw a simple picture of a potter's wheel with a lump of clay on it. All ancient Chinese would recognize a potter's wheel. They would easily comprehend that it could represent earth, land, etc.

　　你不能直接画出一堆土的样子，没有人会猜出你画的是土，但是你可以画出一个陶轮及其上面用来制作陶罐的黏土的样子。所有的古代中国人会立马认出陶轮。他们会很容易理解这可以用来表示土壤、土地等。

故事六

酒：书写这个汉字的人，一定喝了不少酒

I was on the train to Hangzhou to give a talk to a bunch of students from Russia and Kazakhstan and Kyrgyzstan when I saw this character.

我要到杭州给一批来自俄罗斯、哈萨克斯坦、吉尔吉斯斯坦等国的留学生做一个演讲。在高铁上，我在一瓶酒的包装上看到了一个手写体的汉字。

I could not figure it out.

我认不出来这是个什么字。

Finally, I held the bottle a bit further away and it became clear.

最后，当我试着离酒瓶远一点来看的时候，终于弄清楚了。

The last character "酒", which means "alcohol", is written so badly I could not read it.

最后一个字是"酒"，意思是"酒精"。这个字写得如此潦草以至于我都认不出来。

It is clear that the person who wrote the calligraphy had been drinking the stuff and by the time he got to the last character, he wrote it so sloppily that no one could read it.

很显然书写这个汉字的人一定喝了不少酒，所以等他写到最后一个字的时候，挥洒得如此随意潦草，以至于没有人能认得出来。

It is a kind of 100 proof distilled whisky.

这种酒有点像 100 度的蒸馏威士忌。

On the back, after reading the small print all the way to the bottom, it turned out it was made in a small town in Anhui province called Bozhou 亳州 as it was written.

在瓶身背面，当我沿着标签上的字一直往下读的时候，我发现这瓶酒是在安徽省一个叫作"亳 (bó) 州"的地方生产的。

I guess they thought some Chinese did not know the character "亳", so they had to spell it out.

我想他们大概是觉得一些中国人不认识"亳"这个字，所以他们只好把拼音注出来。

I have been to Bozhou. It is a kind of off the beaten path.

我之前去过亳州，那是一个挺少人知道的地方。

It is strongly suggested that if you drink this kind of alcohol that you should not drink the whole bottle all at once.

如果喝这种酒，强烈建议你不要一次喝完一整瓶酒。

Of course, the logic of the character 酒 is a container jug 酉 with a fluid 氵 in it , which indicates alcohol. 酉 also acts as a phonetic.

当然，"酒"这个字是由一个装酒的容器"酉 yǒu"和旁边表示液体的"氵"构成，表示酒精。"酉"也作表音符号用。

The oracle character of 酒 is .

"酒"的甲骨文是。

For those of you who think a little deeper. This is a question about pattern recognition and image understanding.

对于那些思考更深些的朋友来说，图像识别和图像理解是一个问题。

How does your brain recognize the character even when you can not recognize any of the parts of the character?

当你无法辨识这个汉字的任何一个部分的时候，你是如何认出来这个字的呢？

If you see it in the phrase 古井贡酒 you will recognize the character, but if you see it alone in oracle character, you will probably not recognize the character. I think no one can pick out the 氵 and the 酉 .

如果你看到"古井贡酒"这一词组的时候，你可以认出来这个字。但是如果你单独来看它的甲骨文，你大概不好认出这个字来。我想没人可以辨识出这里的构件"氵"和"酉"。

So how does the brain recognize the character ？ It is a subject called cognitive psychology that tries to understand how the brain works and understands something. It is a subject called artificial intelligence that tries to make a computer do the same thing. So, think about it and see if you can tell me how it is that the brain understands a character, even though it may be written in cursive script or running style or some other artistic form.

那么大脑是如何认出这个字的呢？有一个学科叫作"认知心理学"，它试着去理解人的头脑是如何工作及理解事物的。还有一个学科叫作"人工智能"，主要是使计算机去做人才能做的智能工作。所以，考虑一下这件事，并且看看你能否可以告诉我，大脑是如何来理解一个汉字的，尽管它看上去是用行书或草书或是其他的艺术体写成的。

故事七

谷仓：储存粮食，准备过冬

In ancient China, they had to dry the grain and store the grain so it would not get wet, and so it would not get eaten by rats and insects and other things. To do this they had open-air grain cribs. This consisted of a wooden platform on wooden legs, and a small house-like structure or bin structure for storing grain, and a roof on top to keep out the rain.

在古代中国，人们通常会将粮食晒干储藏起来以防止它发潮，这样也可以避免被老鼠、虫子或是其他动物偷吃掉。为了达到这样的目的，他们会建一些露天的谷仓。这是由数根木头支架搭成的木质平台，在上面再搭一些小房子或是盒子一样的结构用于储存谷物，上面还会铺有防雨水的苫（shān）盖。

They had larger ones with a door or flap window at the top.

在一些较大谷仓上面还安一扇门或是开一个小窗户。

We have two character components, 亩,which is the smaller version of a grain crib and 啚 which is the larger version with the flap window.

今天我们要讲的两个汉字构件："亩"（lǐn），它像是一种较小型的谷仓的样式；而"啚（bǐ/tú）"表示带有窗户的较大型的谷仓。

These are simple forms of 亩

下面这些是"亩"的一些简单的形式。

第一个字：亩（lǐn）

"a granary, to supply, to stockpile".

"亩"（lǐn）谷仓，用于供给，用于存储。

Note the pictograph of the legs at the bottom and the pile of grain and the roof. There are many forms of this character, I have only given four forms.

注意看图形下部有两只像脚一样的支撑物，一堆谷物的形状及上面的顶盖。这个汉字的字形很多，我只给出了四种形式，但是你大概能够理解图形的含义了。

第二个字：（啚 bǐ/tú）

In 啚 , the top 口 is sometimes written as mouth 口 kou and sometimes written as wall 囗 wei.

在"啚"这个字中，上面的构件有时候写作"口 kǒu"，而有时候写成"囗 wéi"。

It can either be the silo or the place where the silo is, which would now be written 鄙 . In the oracle characters we see the phrase "侵我西啚（鄙）", which means to attack 西啚（鄙）。

"啚"可以用来表示谷仓，也可以理解为谷仓所在的地方，后来人们就用"鄙"字来特指地方。在商代甲骨文中，我们可以看到这样的文字"侵我西啚（鄙）"，意思是进攻西啚（鄙）这个地方。

鄙 was originally a place name, but it came to mean low class. Now, we have the word 卑鄙 which means shabby.

啚（bǐ/tú）啚 啚

"鄙"原本只是表示地方，但是后来表示地位卑微的意思。在我们现在所用的"卑鄙"这个词中又被理解为品行恶劣的意思。

This is a more complicated form 啚 .

这是比较复杂的谷仓样式"啚"。

（稟）稟 bǐng "granary, to report to a superior".

It was originally no doubt to report about the grain 禾 . Notice, when the character was simplified, the 禾 was simplified to 示 .

（稟）稟 (bǐng)

"谷仓，有报告上级的含义"。

不过请注意，当这个汉字简化的时候，"禾"字被简化成了"示"字。

（廩）廩 (lǐn) "granary"

（廩） 廩 is the current character which has the original meaning of 亩 . It consists of a roof 广 guǎng /ān and the granary and an indicator 稟 稟 bǐng.

（廩）廩 (lǐn) "谷仓"

（廩）廩是最近才出现的汉字，它的本源字是"亩"。这个字上方由"广 guǎng/ān"构成，下面是"稟 稟 bǐng"字。

"谷藏曰仓，米藏曰廩。" （《荀子·富国》）

（啬）啬 嗇 (sè) "thrifty"

The character 来 來（lái ）which now means "to come" was originally a pictograph of a mature grain stalk, ready to harvest.

啬 came to mean thrifty. The logic is people who save grain 来 in a granary 亩 .

（啬）啬 嗇 (sè) "小气的"

汉字"来來 lái"现在表示"过来"。它原本是一束成熟的稻穗的样子，即将要被收割。

而"啬"后来表示吝啬小气的意思。它的逻辑是人们把谷物"来"放到谷仓"亩"中去。

（图）圖 (tú) "diagram"

（图）圖 originally meant to have a plan for hard times or to prepare for the winter, It later came to mean plan or drawing, and is most common in the words 画图, which means to draw a diagram or plan.

图书馆 now means library. you can think about why it is called so .

The outer part is a wall 囗 wéi and the inner part is a large grain silo 啚 bǐ.

（图）圖（tú）"计划"

（图）圖 最初表示为艰难的时期或是冬天做准备，后来开始有画画的意思，最常见的是用在"画图"这个词中，意思是画一张图表。

图书馆，现在表示保存书的地方，你可以思考人们为什么这样称呼。

它的字形是由外面的墙"囗 wéi" 和里面的大大的谷仓"啚 bǐ"构成。

图 meaning "map" appears in the following sentence "職方氏掌天下之图以掌天下之地".

And 图 meaning "plan" appears in this sentence "民鲜克举之，我仪图之".

"图"表示地图时出现在《周礼》中："職方氏掌天下之图以掌天下之地"。

"图"表示谋划之意时出现在《诗经》中："民鲜克举之，我仪图之"。

So if you have a plan to store grain in a silo for the winter, it is in fact a plan which may require a map. So the pictograph of a silo with walls around it, came to mean a plan or map of where the silos are, and then a map or diagram in general.

如果你计划在谷仓里储存粮食以备冬天之需，实施这个计划可能需要一张地图，还需要在地图上描绘出谷仓的位置。那么地图上代表谷仓的四周有墙围起来的图象就有计划或是地图的意思了，所以也就衍生出了地图或是计划等词义。

When they simplified the character, they replaced the rather uncommon and complicated character 啚 with a 冬 dōng which means "winter". I guess the logic was preparing for hard times means preparing for winter.

当汉字简化的时候，把其中相当不常见及复杂的构件"啚"用"冬"（dōng）字来替换，冬是"冬天"。我想其中的逻辑是为艰难时期谋划也就意味着为入冬做准备。

故事八

酒精：与君一醉一陶然

My father was extremely domineering, so when I got free, I started to drink alcohol. At first, it was probably rebellion against my father's control as much as anything. It was to say, "See, I am an adult now and there is nothing you can do about it".

我的父亲是个有着极度掌控欲的人，因此当我离家后，我开始喝酒。最开始，我大概只是为了反抗父亲对我的一切控制，就像是说："看，我现在是个成年人了，你再也管不了我了。"

I never was an alcoholic in the usual sense. I never lost a day of work. I never beat the wife and I never did anything really stupid, but I did like being buzzed.

我从来不是一个通常意义上的酒鬼。我从来没有因此旷过一天工，不会在酗酒后打太太，更没有因为酒做过任何真正的蠢事。但是我的确享受酒后陶然的感觉。

In my 20's I did not drink every day, only occasionally, but slowly it became more and more occasional. By the time I was 35 I was in graduate school and drinking every day, but always buzzed, never drunk, well, almost never drunk, and never during school or work.

在我 20 岁左右的时候，我不是每天都喝酒，只是偶尔喝。但渐渐地，随着年岁的增长，喝酒的频率越来越高。到 35 岁的时候，那时我在研究生院，每天都要喝酒，常常微醺，但不算酩酊大醉，我从不酗酒，并且也不在学校或是上班的时候喝酒。

I realized at 35 that I was addicted.

在 35 岁的时候，我才发现自己已经酒精上瘾了。

I started drinking because of problems with my father, but I continued drinking because I had become addicted to alcohol.

开始喝酒是由于我和父亲之间的矛盾激发的，但是我继续喝酒是因为我开始对酒精上瘾了。

Alcohol is a strange thing. It dulls the inhibitions but it sharpens the wit.

酒精是一种很奇怪的东西，它可以使人失去常态，也能够激发人的灵感。

Some of my most innovative mathematical and scientific thinking was done when I was buzzed, and alcohol always improved my language ability.

有一些我最具创意的数学及科学思维，正是在我醉意萌生的情况下完成的，而且酒精总是可以帮助提高我的语言能力。

But I was 35 and suddenly realized that I was not in control. I could not stop even if I wanted to. When I realized that, I stopped. So there is a switch of some kind. I knew intellectually it was not good, but I did not and could not stop. But one day I knew emotionally that it was bad, so I stopped.

但在 35 岁那年，我忽然意识到我在这方面的失控了。当想要喝酒的时候，我很难控制自己。当意识到这一点时，我停止了喝酒。好像是有某种开关，在理性上我知道它不好，却无法停顿下来。但当有一天，我从情感上意识到喝酒的弊端时，关于喝酒的一切戛然而止了。

It is an all or nothing thing. You cannot just taper down. Once stopped, after a week or two I almost never thought about alcohol for about the next 10 years.

这就是沉迷或是完全脱离的选择，你不能给自己留有余地。一旦停止了，在一周或是两周之后我几乎没有想过喝酒的事，一直持续到接下来的 10 年。

Then I started drinking for a couple of years, then stopped for a couple of years, on and off for a couple of years at a tie until today.

接着我又开始了几年的饮酒史，此后又中断了几年。周而复始，循环往复，过几年就重复一次。直到如今。

So I have stopped now, hopefully for good.

现在的我不再喝酒，希望我能一直保持下去。

Of course, in China, I can tell this story, because there are many famous alcoholics in China such as 李白，and in China it is acceptable to drink.

当然，在中国，可以说关于酒故事有很多，因为中国历史上有很多有名的酒痴，比如李白等等，并且在中国饮酒是可以被接受的。

Of course, in China, if you drink while you are driving, it is very bad.

当然，在中国如果你酒后驾驶的话就不好了。

In America, if you walk down the street with a bottle of beer, they will put you in jail. America is NOT a free country. In this respect, China is much freer than America.

在美国，如果你拿着一瓶啤酒走大街上，他们可能会让你进监狱。美国不是一个（绝对）自由的国家。在喝酒这方面，中国比美国要自由多了。

Today's character is "酒".

酒、精 and 酋 and their components(氵，米，酉，青 and 八).

我们再来看这一节要介绍的汉字："酒"。

"酒"，"精"和"酋"这几个字的主要构件是"氵""米""酉""青""八"。

The oracle character of 酒 is .

"酒"的甲骨文是 。

The character alcohol 酒 jiǔ consists of water 水（氵）shuǐ which indicates a liquid and the 酉 yǒu which is a jug with something in it. If you see a 酉 in any character, it usually indicates some kind of a liquid which can be put in a bottle.

"酒"左边的构件"水"（氵）当然表示它是一种液体。而汉字"酉"是一种用于盛放的容器。无论在什么汉字中看到"酉"这个构件，它通常是表示一种装在容器中的液体。

The oracle character of 酉 is .

"酉"的甲骨文是 。

酒 and 酋 are basically the same meaning and almost the same pronunciation and were probably originally the same spoken word.

"酒"和"酋"基本上是相同的意思，并且发音也基本相同。我想它们原本在口语中的含义是相同的。

In the character 酋 , we see a ⺌ on top. This is part of the simplification of Chinese characters. It is wrong. It is supposed to be a 八 on top, as you can see in the Kangxi Dictionary character. 八 coming out of the top of the jug looks like it can indicate the aroma coming from the alcohol. Its meaning of "a chieftain" is clearly a derived meaning and has nothing to do with the original logic.

在"酋"这个字中，有"⺌"这个构件。这是汉字简化后的一部分，这样写实际上是错误的。其上应当是"八"这个构件，正如你在《康熙字典》中可以看到的。"八"在容器上部，它其实看上去像是表示美酒中所散发出的香气。而"酋"字用在"酋长"一词中，显然是衍生意，与字本身的逻辑含义没有了关系。

The seal character of 酋 is .

"酋"的篆文是 。

But it is interesting that in China we also have lots of 米酒 . In Huangshan 米酒 is very weak. In Taiwan 米酒 is more like 白酒 , it is very strong.

有意思的是，在中国有很多种米酒，比如我之前喝过黄山的米酒，度数都很低，而在中国台湾，米酒比较像白酒，烈度很高。

精 originally came from seed, which is the most important part of the plant.

"精"最初来源于种子，这是植物中最重要的部分。

You can see that 米 originally looked like a spike of rice or other grain.

你可以看到"米"最初看起来像是一穗稻谷的样子。

The oracle character of 米 is .

"米"的甲骨文是 。

青 is a phonetic, but it also means green. In order to completely understand a character, we must also understand the phonetic. 青 has nothing to do with the moon 月 . The 月 was originally a 丼 and the top part was originally a 生 .

"青"是表音符号，但是它也有"绿色"的意思。为了更准确地理解这个字，我们必须要知道表音符号的意思。"青"本身和"月"没有关系。"青"字下半部分的构件"月"最初是"丼"，并且它上面的部分原本是"生"这个构件。

精
seal （精，篆文）

丼
bronze（青，金文）

生 is from a pictograph of a plant 屮 in the ground 土. It can indicate to sprout, or to be born as in 先生 , or it can indicate something that is green. In this case 青 means green. 丼 on the bottom is a phonetic, jing is close to qing. But also here, it is a plant 生 , which is by a well 丼 where it can get water, also indicating green. So 丼 is both a phonetic and a meaning component.

"生"来源于草"屮"生长于土壤"土"中的样子。它可以表示萌芽，或是在"先生"一词中表示出生的意思，或是表示一种绿色的事物。在这种情况下，青表示绿色。"丼"在下面既是表音符号，"jing"与"qing"音相似。但是在这儿，你可以理解为这是一

190

株植物"生"于"井"旁的样子，表示植物可以得到水的滋润，当然也就意味着"青绿"的意思。因此在这里的"井"既表音又表意。

oracle（生，甲骨文）

When I first went to Taiwan, China in 1972, I got off the plane and went to the store and saw a bottle like this. My dictionary said "rice wine". In America "wine" is usually no more than 12% alcohol. I did not know that 米酒 was 19.5% alcohol. I thought, I will drink a bottle, no problem.

我 1972 年第一次去中国台湾时，下了飞机后去了一家商店，看到一瓶像这样的酒。瓶身上的"米酒"，按我的字典翻译的话，就是"rice wine"，在美国"wine"通常是酒精度不会超过 12% 的酒。我思忖，如果来上一瓶，应该问题不大。万万没想到这儿的米酒，酒精浓度竟然高达 19.5%。

I had just rented a place, but forgot to write down the address. As I walked down the street drinking my bottle of 米酒, I got very very drunk. I thought I may fall down. At that time I spoke no Chinese and did not remember my address even if I could speak Chinese.

我那时刚刚租好一个房子，只不过忘记写下地址。边散步，边品尝着米酒，不知不觉我已酩酊大醉，几乎走路都有些趔趄。在那个时候我还不会说中国话，不过即使我会说，也完全不记得家的地址了。

I walked around in circles for 8 hours. Finally I found my house. I was always careful not to drink a full bottle of 米酒 after that.

绕来绕去走了 8 个小时，才终于找到住处。自那之后，我变得小心翼翼，再也不会一股脑干完一瓶米酒，烂醉如泥了。

故事九

鱼：子非鱼，安知鱼之乐？

Let us look at the character for fish "鱼".

让我们来看一下"鱼"这个字。

鱼 is a fish with tail. The mouth appears as ⼎. ⼎ usually represents a person.

"鱼"的字形就像是一条带有尾巴的鱼的样子。上面的部件"⼎"用来表示鱼的嘴。而"⼎"这个构件实际上通常指人。

But, the traditional character for 爭 has a hand 爪⼎ on top which becomes a person ⼎ in the simplified form 争. This is not right.

但是，在"爭"这个繁体字中，上面的构件是"爪⼎"，最后简化的时候却把它上面的构件换成了"⼎"。也就成了简化字"争"，这是不对的。

The original character for the 陷 in 陷阱 is 臽, it is a man ⼎ into a trap 臼.

"陷阱"的"陷"的本字是"臽"，像是一个人"⼎"掉进了一个陷阱"臼"里面。

The original character for the 危 in 危险 is 厃 which is a man ⼎ on the edge of a cliff 厂.

"危险"的"危"的本字是"厃"，像一个人"⼎"在山崖"厂"边上的样子。

But in the case of a fish, it is probably the mouth of a fish.

但在"鱼"这个字中，"⼎"大概是由鱼嘴变形而来。

At the bottom is a 灬, and in the seal character, it is a 火 fire.

繁体字"魚"的下面是"灬"这个构件，在篆体字中其实写成"火"。

We have many cases where 火 becomes 灬, such as the 燃 ran in 燃烧, but it is not always from fire. In this case, it is from the tail of the fish.

我们可以看到在很多字中，"火"这个构件都变成了"灬"，比如在"燃烧"的"燃"中。但是所有的"灬"不一定全都来源于"火"。在这个字中，它其实是鱼的尾巴演化而来。

Then we have the 田 , which is only the remnant of the fish body and its scales. 田 usually means field as in 田鸡 . Have you guys ever eaten a field chicken? "field chicken" is a chinese slang for a frog. In the simplified character, the 灬 gets simplified to a 一 .

我们再来看"田"这个构件，其实是鱼的身体和鱼鳞的形状演化而来，但失其本形，我称之为"remnant"。"田"一般表示农田，比如它组成了"田鸡"这个词，我不知道你们有没有吃过田鸡呢？"田鸡"是中国俗语中青蛙的意思。在简化字中，四点水"灬"被简化成了一条横线"一"。

When we look at a modern character, we may see parts of the character such as 夕 火 田 灬 一 which actually have nothing to do with the character. These apparent characters are called "remnants".

当我们看现代汉字的时候，我们会看到一些部件如"夕 火 田 灬 一"。但这些部件已和字本身无实际性的关联。我把这些构成汉字的部件称为原来留下的部分。

The original character was just a fish.

而"鱼"（魚）字最初就是一条鱼的样子。

A fish is just a fish, but there are many kinds of fish, such as 鳕鱼 . Note that the character 鳕 has a 鱼 on the left-hand side indicating it is a kind of fish. On the right-hand side, there is a phonetic 雪 .

鱼就是指鱼，但是有很多种鱼，比如说鳕（鱈）鱼。注意这个字在"鳕鱼"的左边有个"鱼"字旁，用于表意。而在右手旁，有个声旁"雪"字。

On my web site, there are 127 characters with a fish in the character. 渔 means "to fish". That is because fish live in water 氵 .

就我的网站来看有 127 个汉字含"鱼"（魚）这个构件。"渔"（漁）的意思是打鱼。含有"氵"这个构件是因为鱼生活在水里。

This character is a compound character and the meaning has something to do with water and with fish.

所以这个字是个合体字，表示既与鱼相关又和水相关。

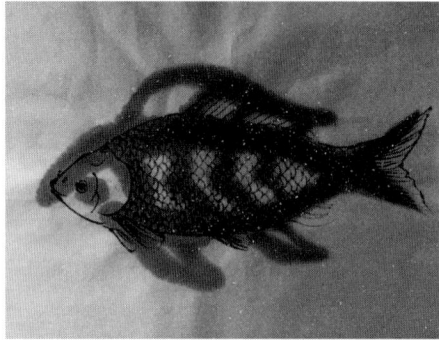

图形创意来自我的朋友叶峰

Nothing smells worse than a long dead fish. A fish must be fresh if you want it to taste good. A piece of lamb 羊 must also be fresh. So you can put these two characters into 鲜 which means "fresh". It also means "delicious". In English, we have two words, but in Chinese we have one character with two meanings.

没有什么比腐烂的死鱼闻起来更可怕了。如果你希望尽可能地享受鱼的味道，最好是吃鲜鱼。羊肉也是极鲜的美味。所以如果你把这两个字放在一起，那么就组成了"鲜"（鮮）这个字，新鲜，美味的意思。在英语中，我们用两个词来形容它们，但是在中文中，我们可以用一个字来表示很多意思。

This is called "abstraction". You put different things together and come up with a new meaning.

这就叫作抽象化（abstraction），当你把两个不同的东西放在一起时，却组成了一个新的意思。

Maybe you can look at some other characters with fish in it and think about its meaning.

也许你可以看看其他含"鱼"的汉字，然后思考它们的意思。

Most of the time fish names have the fish on the left-hand side. In the character for 鲨鱼 , the fish is on the bottom.

大多数的时间，"鱼"这个部件都会放在一个字的左侧，在"鲨鱼"这个字中，"鱼"放在了下面。

I know a lot of fish names in English, but I am not a fisherman, and I am not a big fish eater and I am not an ichthyologist. So although I know the words I do not really know the fish. So does that mean I really understand the word, or not?

我知道很多种鱼的英文名字，但我不是一个渔夫，也不是一个爱吃鱼的人，更不是一个鱼类研究者。所以即使我已经了解了这些词，我却不懂得真正的鱼。所以这意味着我是真的理解这个词，还是不懂呢？

故事十

神：如空中闪电般神秘莫测的力量

Lightning, 申 , was a very fearsome and mysterious thing to the ancients.

申，本意是电（闪电）。闪电，即"申"字，对于古代人来说是一种令人畏惧、神秘莫测的力量。

It frequently killed people, and it was very quick, so it is a part of many characters such as 電 which means electricity, and 奄 which means suddenly, and 神 which means God.

它常常会让人丧命。并且它的速度极快，所以直到今日，它还是作为这些词的一部分，比如说汉字"電"（电）指的就是电流、电力等；奄（同"奄"）本义是忽然；以及"神"意思是神灵。

The original character for lightning, looked like 吕, became 吕, became 申, became modern day 申 .

最初的表示闪电的字形，看起来很像 吕，变得像字吕，又变成 申，最终成为今天的"申"字 .

 Later it got transformed to something that looked like a hand, perhaps a hand from the sky throwing down lightning.

之后它演变为一些东西起来就像是一只手，可能表示天上有一只无形的手向人间投下闪电。

Finally it ended up looking like the present-day 申 . The present-day character does not mean lightning. It indicates the time of day from 3:00 pm to 5:00 pm.

最终，它的字形演变成今天的“申”。现在它的含义已经不再表示闪电，而主要表示申时，即一天当中的下午 3 点到 5 点的时间。

It just so happens that in many parts of the country, I think, this is the time that there are daily summer lightning storms.

为何偏偏用“申”字表示这个时间段呢？我以为，主要是因为在这个国家的相当一部分地区，夏日时，这个时间段常出现电闪雷鸣的现象。

The character for electricity, 電 (电), is also the character for lightning. It is 申, lightning, plus 雨, rain.

表示电力、电流的汉字“電”（电），也用来表示闪电。它是由“申”（闪电），再加上“雨”字构成的。

奄 which means suddenly, originally had the lightning on top striking the man. It represented how suddenly lightning could strike a man.

奄表示忽然，最初的字形上面是“申”的字形，上面则是一个人，它表示当闪电袭击人时速度之快。

神, the G word, God, was formed by adding an altar 示 to indicate that the meaning of the character 申 was to represent the original meaning of the lightning god.

“神”，即以字母 G 开头的 God 的中文，它的字形的左侧增加了部件“示”本义指祭坛，为的是暗示汉字“申”本义就用来表达如天空中闪电般神秘莫测的神。

The character 祭 jì, which means to sacrifice, also has an altar 示 shì on the bottom.

汉字"祭"，意思是祭祀，也有一个部首"示"在下面。

It has a piece of meat 肉 ròu and a hand 又 yòu above. That indicates that the person is making a sacrifice of meat to the gods and putting it on the altar.

在这个字形的上面有一块肉，和一只手"又"。这表示一个人正在用肉做祭品放在祭坛上献给神。

The character 祀 sì has a phonetic 巳 sì on the side which means baby, perhaps it indicated that they were also praying for a baby.

汉字"祀"（sì）有一个表音符号"巳"（sì）在旁边，巳的本义是婴儿，也许表示他们在为子孙后嗣祈福。

This character used to be written 襈 sì with and 異 yì on the side. The character 異 comes from a pictograph of a man with a mask.

这个汉字最开始写作"襈"旁边有一个繁体字"異 yì"（简体字为"异"），異这个字的象形文字看起来就像一个人戴着面具。

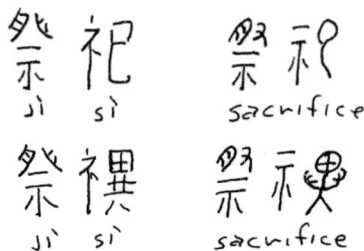

This indicates that the ancient Chinese used masks in their sacrificial rituals.

这暗示着，古代中国人在祭祀仪式中常戴着面具。

Remember: Every part of every character derived from a pictograph which has a logical connection to the original meaning of the character.

记住：每一个汉字都由一个象形文字演变而来，每一个象形文字则能表达出这个字的原始含义中的逻辑性。